Bernd von Guseck

Im Strom der Zeit

Roman aus der Zeit Kaiser Leopold des Ersten

Bernd von Guseck

Im Strom der Zeit
Roman aus der Zeit Kaiser Leopold des Ersten

ISBN/EAN: 9783743479616

Hergestellt in Europa, USA, Kanada, Australien, Japan

Cover: Foto ©ninafisch / pixelio.de

Manufactured and distributed by brebook publishing software (www.brebook.com)

Bernd von Guseck

Im Strom der Zeit

Inhalt.

Erstes Buch.

Das Bürgerhaus.

———

Erstes Capitel.

Waldgeheimniß.

Durch den kaiserlichen Thiergarten brauste schon seit mehrern Stunden eine große Jagd. Der Edelhirsch, welchen die Piqueurs am frühen Morgen in dem umstellten Dickicht, wo er „verbrochen" war, aus seinem Rudel abgesprengt hatten, machte mit seltener Ausdauer alle Anstrengungen seiner Verfolger zu Schanden. Eine Meute von mehr als dreißig Parforcehunden hatte ihn lancirt und war seiner Fährte lautbellend nachgerast, dicht hinter ihr die hirschgerechten Piqueurs mit einigen Jägern, welche durch Waldhornruf von Zeit zu Zeit dem Jagd= herrn und seiner Gesellschaft von Cavalieren, die sich ein= zeln ihre Wege suchten, den Gang der Jagd zu bezeichnen. Mehrmals war schon die Fährte verloren gegangen, weil der Hirsch ein Stück umgekehrt und dann in eine Seiten= richtung ausgebogen war; die Meute hatte sich verfahren

und war angehalten, „gestopft" worden: es hatte
„Hourvari", wie das betreffende Signal heißt, geblasen
werden müssen. Auf dem weitern Ritt, nachdem die
Fährte wieder gefunden und der Hirsch von Neuem auf=
gejagt war, hatte man schon zweimal die Pferde und
Hunde gewechselt, wozu der Jägermeister an passenden
Punkten Relais aufgestellt hatte. Jetzt nahm das edle
Wild seinen Lauf mit Aufbietung der letzten Kräfte in den
unzugänglichsten Theil des Forstes, wo steile Berge mit
tiefen Schluchten wechselten, Bäche, von dichtem Gebüsch
begleitet, sich durch die Wildniß schlängelten und die
Waldbäume jede Fernsicht hinderten. Dennoch hielten
die wackern Hunde die Fährte fest, und nur die Reiter
wurden mehr und mehr durch die Hindernisse aufgehalten,
welche sie oft zwangen, einen ziemlich bedeutenden Um=
weg zu nehmen. Mancher gab es schon auf, beim Ha=
lodi zu sein, wenn der Hirsch endlich matt gehetzt sich den
Hunden zum Kampf stellen würde, und da Niemand mehr
sehen konnte, wo der Andere blieb, zog mehr als Einer
allmälig den Zügel an, um auf dem halsbrechenden
Ritt nicht länger das Leben auszusetzen. Die beiden vor=
dersten Reiter nur, welche mit Verachtung aller Gefahr
überall hin folgten, wo der Fürstenruf des Jagdhorns
den Hirsch verkündigte, hatten noch Muth und Ver=
trauen. Da zeigte sich, ihren Lauf unterbrechend, plötz=

lich vor ihnen ein breiter, tiefer Erdriß und ihre beiden
Pferde stutzten. Der eine Reiter zwang das seinige mit
Sporen und Zügeln zu einem mächtigen Satze, welcher die
gefahrvolle Kluft glücklich überwand, und, wenn Zeugen
dabei gewesen wären, allgemeine Bewunderung erregt
haben würde — das Pferd des Andern aber versagte den
Sprung. „Auch Du, mein Leopold?" rief lachend der
erste Reiter, welcher sich am jenseitigen Rande noch einmal
umsah, als er bemerkte, daß sein Gefährte sich vergebens
mühte, das scheuende Pferd an die Vertiefung heran zu
bringen. Und ohne sich weiter um ihn zu kümmern, da der
Hornruf schon sich entfernte, sprengte er in den jenseitigen
Wald hinein. Es war ein Eichenwald von mächtigen Stäm=
men, aber diese traten hier, wo sie alles niedere Ge=
sträuch unterdrückt hatten, weiter auseinander und er=
laubten dem Reiter, der nun ganz allein war, wenigstens
eine Strecke mit verhängtem Zügel dahin zu jagen. Wer
ihn gesehen hätte, der würde sich über den jugendlichen
und stattlichen Waidmann, der gewiß von hohem Range
war, gefreut haben. Aber es war in der Wildniß kein
menschliches Auge nah. Eine halbe Stunde mochte er,
nachdem die Gegend etwas gangbarer geworden, galop=
pirt sein, als sich die Bodenschwierigkeiten wieder mehrten,
der Wald wieder dichter wurde und oft diesem kühnen Rei=
ter sogar Zweifel aufstiegen, ob es auch möglich sei, den

1*

Lauf noch lange fortzusetzen. Doch hatte Gefahr von je=
her für ihn einen eigenthümlichen Reiz, der ihn lockte, sie
aufzusuchen, statt zu fliehen, und hier war ja Niemand
mehr bei ihm, der ihn mit dienstbeflissenen Warnungen be=
helligt hätte. Sein helles, feuriges Auge blitzte muthig
in das Waldesdunkel hinein, aus welchem jetzt viel näher
und dringender die Hornklänge, welche die Hunde ermun=
tern sollten, sich hören ließen, von Zeit zu Zeit das Sig=
nal, das den Cavalieren galt — wie weit waren sie doch
zurück! Da mischte sich nach einer Weile vernehmlich das
Brausen eines Waldstromes in das Getön, und vor dem
Reiter that sich ein Grund auf, in welchen er durch eine
steile Schlucht hernieder kam; der Grund war von einem
reißenden Gewässer gefüllt, das von den Regengüßen der
letzten Tage zu einer ihm sonst fremden Mächtigkeit an=
geschwollen war. Quer über den Grund, durch den tiefen
Waldstrom mußte der Reiter setzen, wenn er seiner Richtung
treu bleiben wollte, und er trieb das schaumbedeckte Roß
nach einer Stelle, wo das Wasser glatt an den Rand
spülte und leicht zugänglich schien. Horch! Von jenseit
das langersehnte Halali! Der Hirsch hatte sich endlich den
Hunden gestellt, es galt ihm den Fang zu geben! Ohne
Zaudern in die Flut!

Das Roß, von seinem untrüglichen Instinkt gelei=
tet, widersetzte sich — zum Erstenmale! Es wäre aber

gegen die vollendet sichere Reitkunst seines Herrn ver=
gebens gewesen, wenn nicht fremde Hülfe dazwischen ge=
kommen wäre. Das edle Thier hob sich schon, zum Ge=
horsam gebracht, um in das trübgefärbte Gewässer, das
hier so glatt floß, während es in der Mitte brausende
Strubel trieb, mit einem verzweifelten Sprunge hinein
zu setzen, als ein lauter Schrei und mit ihm zugleich von
einer zweiten Stimme ein Zuruf in unmittelbarer Nähe
erscholl. Wie aus der Erde gewachsen sprang ein Mann,
den der Reiter vorhin nicht bemerkt hatte, empor, eine
Hand — nicht die seine, sondern eines Mädchens Hand! —
hatte schon den Zügel des Pferdes, das sich eben hob,
ergriffen und es mit einer Kraft, die man im Frauenarme
nimmer gesucht hätte, zur Seite gerissen. — „Hier ist's
haustief!" schrie der Mann — und das Mädchen, von
dem Rosse hinweggeschleudert, sank zur Erde.

Mit zornigem Blick hatte der Reiter sich auf diese
Weise gehemmt gesehen, aber er hörte auch, ehe er sei=
nem Unwillen Worte geben konnte, des Mannes eifrige
Erklärung, daß hier ein senkrechter Absturz sei, eine
Kesselgrube, welche das Hochwasser heute nur gefüllt habe,
und daß es ja gar nicht nöthig wäre, hier quer durch
zu reiten, da der Grund gleich eine Krümmung mache
und er ihn auf zweihundert Schritt nur zu umreiten brau=
che, wenn er zum Halali wolle — sonst, wolle er durchaus

hier herüber, so müsse er hinter dem jenseitigen Rand, wo der Grund sich nur links geworfen, das Wasser zum Zweitenmale passiren. Es war ein alter Mann, der so sprach, in geringer Tracht, mit einem scharf gezeichneten, vom Wetter gebräunten Gesicht, das ein grauer, schlecht geschorener Bart umstarrte; des Reiters Blick hatte sich aber mehr nach dem Mädchen gewendet, das sich unter= dessen vom Boden wieder erhoben hatte und glühend roth vor Scham im Gesicht dastand, ohne daß es wagte, zu ihm aufzuschauen. Zeit war nicht, länger zu verweilen; der Reiter hatte sich schnell überzeugt, daß das Mädchen, das ihm so entschlossen in den Zügel gefallen war, nicht Schaden genommen habe. — „Dort hinauf?" fragte er den Alten, und als dieser bejahte, sah er ihn noch ein= mal scharf an. „Kennst Du mich?" forschte er, während er den Handschuh auszog.

„Nein, gnädiger Herr!" war die Antwort. Der Reiter machte eine dankende Handbewegung, und im An= sprengen seines Pferdes warf er dem Mädchen einen Ring zu, den er vom Finger gezogen hatte. Den Alten aber traf sein Auge noch einmal scharf; es war ihm nicht entgangen, daß er auf dem Hut frischgepflückten Bruch trug, als sei er auch ein Waidmann, was doch seine Tracht widerlegte. Auch hatte er so waidgerecht vom Ha= lali geredet! Es war jedoch keine Zeit zu verlieren und der Reiter verschwand in der ihm bezeichneten Richtung, sobald er die Höhe gewonnen hatte.

„Zeig' her!" sagte der Alte, nachdem die glänzende Erscheinung verschwunden war, der das Mädchen, so lange sie konnte, mit weit offenen Augen nachschaute. Sie hatte den Ring, den ihr der Fremde zugeworfen hatte, nicht aufgefangen und suchte ihn erst jetzt am Boden, wo er lag. Es war ein einfacher Goldreif mit einem blauen, funkelnden Steine; für eine Männerhand schien des Rin= ges Umfang auffallend klein.

„Leichter hab' ich mein Lebtag nichts verdient," sprach der Alte und besah mit freudelachenden Blicken das Kleinod, das ihm das Mädchen gereicht hatte. „Schwer ist's nicht" — er wog es in der Hand — „aber der Stein ist ein Saphir — der hat besondere Kräfte. Wer mag der junge Herr gewesen sein?"

Er steckte bei diesen Worten den Ring ruhig in seine Tasche. Das Mädchen war aber nicht gesonnen, ihm das Geschenk zu überlassen. „Der Herr hat mir den Ring ge= geben —" sagte sie zögernd.

„Ja, ja! Das ist schon recht!" lachte der Alte. „Er soll Dein bleiben, so lange wir ihn behalten — aber eben, Kind! lange wird das nicht sein. — Nun, schau mich nicht so groß an. Hol' die Büchs' aus dem Strauch — wir wollen weiter darüber reden. Hörst Du? Sie blasen immer noch — der junge Herr hat doch wohl die Schlupf nicht getroffen. Hoho! da oben kommen ihrer mehr — ich mag Keinem mehr begegnen."

Man hörte in einiger Entfernung auf der Höhe mehrere laute Stimmen, welche bald wieder verhallten; es waren jedenfalls die Jagdgenossen, die sich nach und nach wieder zusammen fanden. Das Mädchen tief unten im Grunde lauschte nur einen Moment auf das, was droben vorüber brauste, man hörte auch ein Roß wiehern und lautes Rufen — dann bückte sie sich und hob einen kurzen, schweren Stutzen auf, der unter dem Strauche versteckt gelegen hatte.

„Gebt mir meinen Ring, Vater," sagte sie wiederum, als der Alte das Gewehr über die Schulter hing.

Er lachte. „Schau Einer das Mädl an!" rief er. „Und was willst Du mit dem Ring? Willst ihn an den Finger stecken, an Deine braune Hand, daß Dich der Büttel gleich anfaßt, wenn er Dich nur einmal trifft, und steckt Dich in's finstere Loch als eine Diebin? Wer hat Dir den Ring gegeben? Wie kannst Du's beweisen, daß Du ihn nicht gestohlen hast? Weißt Du etwa, wer der Herr gewesen ist, und kannst Du Dich auf ihn berufen, daß er Dir das Ringel geschenkt hat?"

„O ja, Vater!" sagte das Mädchen muthig. „Das kann ich!"

„Nun sag'!" rief er gespannt. „Kennst ihn? Wer war's?"

Sie wollte mit einer gewissen Freudigkeit reden, aber gleich besann sie sich anders und erwiederte: „Das sag' ich nicht."

„Kathi!" rief der Alte, von diesem sonderbaren Trotze ergrimmt.

„Ich sag's nicht, Vater," wiederholte sie. „Gebt mir den Ring, der Ring ist mein."

„Mach' mich nicht bös!" entgegnete er drohend. „Du lügst mir vor, daß Du den jungen Herrn gekannt hast — willst nicht sagen, wo — und verlangst gar den Ring, von dem wir ein ganzes Jahr leben können! Willst ihn wohl gar zum Putz für Dich behalten? Dumm genug wärst Du! Mach', daß wir fortkommen!"

„Ihr wollt den Ring doch nicht verkaufen?" rief Kathi erschrocken.

Die Frage stimmte ihn wieder heiter. „Was sollten wir sonst damit?" sagte er lachend. „Der Herr hätte uns freilich die Müh' ersparen können, wenn er uns lieber einen Seckel mit Dukaten geschenkt hätte, daß wir ihm das kalte Bad erspart haben, aber es ist halt doch nicht anders."

„Das leid' ich nimmermehr, Vater!" rief das Mädchen.

„Hoho! Und wie willst Du mir's wehren?" ent=
gegnete er, über ihren ohnmächtigen Widerstand immer
lustiger werdend.

„Das weiß ich schon!" versetzte sie mit einem so
trotzigen Blicke, daß er ernsthaft wurde.

„Weißt Du das? Ei! Ich möcht's aber auch gern
wissen!" sagte er. „Du wirst hingehen und mich angeben,
nicht wahr? Den schönen jungen Herrn mit dem gestick=
ten Rock wirst Du aufsuchen — Du kennst ihn ja! — und
wirst sagen: Mein Vater, dem Ihr so verdächtig auf den
frischen Bruch am Hut gesehen habt, das ist der Wilder
Martin aus Meidling, und wenn Ihr einen Zeugen
braucht beim Herrn Oberst=Jägermeister, Fürsten von Lam=
berg, nehmt mich, die Martin Kathi, seine Tochter, die
weiß es am besten, denn sie hat ihm oft selber den Stutzen
wieder geladen, wenn er das erlegte Wild aufbrach."

Des Mädchens Augen hatten sich mit Thränen ge=
füllt — sonst gab sie keine Antwort auf die Reden des
Vaters. Er schien sich ihrer jetzt selbst zu schämen, denn
er sagte auf einmal mit ganz verändertem Tone: „Komm,
sei gescheit! Da hast Du den Ring, wenn Du Deine
Freude daran hast. Geht es schlecht mit uns, wirst Du
ihn schon selbst hinein tragen und verkaufen."

Er gab ihr den Ring, den sie, ohne ein Wort zu
sagen, in ihr Brusttuch steckte. Beide gingen dann, dem

Laufe des angeschwollenen Wassers entgegen, in dem
Grunde weiter hinauf, bis dahin, wo er den Bogen ge=
macht, welchen der Alte dem fremden Jäger beschrieben
hatte. Dort befand sich eine enge, dichtbewachsene Schlucht,
die zur Höhe hinaufführte.

„Wir können's heute nicht wagen," sagte der Alte,
als sie die Stelle erreicht hatten. „Wenn ich von der
Hirschjagd heute gewußt hätte, so wären wir gar nicht
hinausgegangen. Meinen Schuß wird Keiner gehört ha=
ben, da waren sie noch stundenweit entfernt — wer konnte
auch denken, daß der Hirsch hieher den Lauf nehmen
würde? Sollte ich das feiste Reh stehen lassen, da es mir
so wunderschußrecht stand?"

„Aber ein Reh, Vater!" wiederholte Kathi den
Vorwurf, den sie früher schon gemacht hatte.

„Thut mir leid, kann aber nicht helfen!" versetzte
Martin. „Ein Bock wär' mir auch lieber gewesen, aber
der Wildstand geht mich nichts an, ich schieße auch ein
Reh, wenn mir kein Bock vor die Büchse kommt. Die
Bauern werden mir's nicht verdenken, Wild ist Wild, ein
Reh äset nicht viel weniger von der grünen Saat, wenn's
überwintert, als ein Bock. Und mit dem Herrn Oberst=
Jägermeister hab' ich nichts zu schaffen." — Sie hatten
unterdessen im Dickicht die Stelle wiedergefunden, wo das
erlegte Reh versteckt lag. Der Alte setzte sich auf die Erde,

nahm den Hut ab und betrachtete den grünen Bruch, den er sich nach Waidmannssitte nach dem glücklichen Schuß aufgesteckt hatte.

„Hier im Walde, warum sollt' ich nicht auch meine Freude haben?" sagte er, mit der Hand auf den Zweig deutend. „Dein junger Herr sah mir zweimal auf den Hut und dann immer wieder in's Gesicht, als ob er sich das recht merken wollte. Ich wette, er kennt mich auf den ersten Blick wieder, wenn wir uns einmal wieder begegnen. Zum Dank für die Warnung läßt er mich vielleicht auf das Streckbett bringen, damit ich gestehen soll, was der frische Bruch bedeutet hat. Kennst Du ihn wirklich, Kathi? Sag' mir die Wahrheit."

„Ich kenne ihn wirklich. Aber laßt mich, Vater. Ich möcht's gern für mich behalten — ich hab' meinen guten Grund."

„Es ist doch ein ehrbarer Grund, Kathi?" fragte der Alte, indem er sie in das Auge faßte.

Sie blickte ihn fast erschrocken an, als spreche er Etwas aus, das ganz außer dem Bereich des nur Denkbaren liege.

„Was redet Ihr, um Gotteswillen!" rief sie. — „Aber Ihr wißt ja nichts!" beruhigte sie sich. „Sonst könntet Ihr so nicht reden."

„Sag' mir nur, wie Du den jungen Herrn kennen

willst!" begann der Vater wieder, nachdem er sich lang
in das üppige Riedgras gestreckt hatte. „Wir sind erst
vier Wochen hier und ich, dem's doch wichtig ist, habe
nur so die Cavaliere, vor denen ich mich besonders zu hüten hab', ausgeforscht und mir zeigen lassen, den Oberst-
Jägermeister und die Andern vom Hofjagdamt, und Manchen kannte ich auch sonst noch, den alten Helmhard, ich
meine den Graf Ungnad von Weissenwolf, und den
Oberst-Falkenmeister, meinen Herrn Grafen von Sintzendorff — es ist möglich, daß ich unter den vielen auch diesen jungen Cavalier gesehen habe, aber ich weiß es nicht.
Wo hast Du ihn denn bemerkt, die wohl nicht dreimal,
so lange wir hier sind, den Fuß in die Stadt gesetzt hat?"

„Das will ich Euch sagen, Vater," antwortete
Kathi. „Ich war in der Stadt gleich am ersten Samstag,
nachdem wir eingezogen waren. Ich konnte nicht warten,
bis Fräulein Cajetana mit ihren Pflegern herauskäme,
ich mußte sie gleich sehen und sprechen, und hatte mir das
Haus in der Sanct-Annengasse schon erfragt, wo der
Herr Riedl wohnt. Ihr wißt's ja. Dann mußt' ich die
Nacht, weil's nach der Thorsperre zu spät wurde, bei ih-
nen bleiben, und am Sonntag ging ich mit zur Messe.
Dort habe ich den Herrn gesehen."

„Mußt ihn Dir sehr genau angeschaut haben, Kathi,
was mir in der heiligen Messe nicht gefallen will."

Sie schwieg.

„Und wer hat Dir seinen Namen gesagt?" forschte der Alte wieder. „Du mußt doch nach ihm gefragt haben! Ist das ehrbar für eine Jungfer in der Messe?"

„Ich habe nicht nach dem Herrn gefragt," erwiederte Kathi eifrig, aber sie schien jetzt zu bereuen, daß sie sich zu ihrer Erzählung habe bewegen lassen, denn sie wollte kurz abbrechen, indem sie sagte: „Fräulein Cajetana kannte ihn."

„Und nannte Dir ihn gleich?" rief der Alte lachend, indem er den Kopf ein wenig aus dem Grase erhob. „Ei, was würde mein gnädiger Herr von Cronberg sagen, wenn er wüßte, daß während er sich draußen mit den Türken herumschlägt, sein Töchterlein hinter seinem Rücken nach jungen Herren ausschaut!"

„Vater, ich bitte sehr schön, laßt Fräulein Cajetana aus," sagte Kathi in äußerster Unruhe über die Wendung, welche das Gespräch nahm.

„Freilich, das ist Dein Herzblatt, Dein Engel! Nun versteh' ich Alles. Darum warst Du so resolut, griffst gleich in den Zügel und rissest das Rößl herum — Fräulein Cajetana wird Dir's danken, daß Du dem Liebsten einen Dienst geleistet hast. Sei aber ganz ruhig — zu Schaden gekommen wäre er nicht. Ein kaltes Bad, weiter nichts! Das Pferd wär' mit ihm durchgeschwom-

men, wenn er ſitzen geblieben wär'. Den Ring willſt Du
wohl Deinem Fräulein hintragen?"

„Nein, Vater!" rief Kathi. „Hört doch nur auf.
Der Herr kennt mein Fräulein Cajetana gar nicht —"

„Aber ſie ihn? Und ſie zeigt ihn Dir in der Kir=
che und nennt ihn! Die Geſchichte wird ja immer ſau=
berer! Schäm' Dich."

„O es braucht ſich hier Niemand zu ſchämen! Alle
kennen ihn und Ihr werdet ihn bald auch kennen. Nun
ſag' ich aber kein Wort mehr. Ich bitt' Euch, ſchlaft —
Ihr wolltet ja ſchlafen, ich bewache Euch."

„Mädel, es iſt wohl gar der römiſche König?!"
rief der Alte, nun völlig um ſeine Ruhe gebracht und
richtete ſich auf. Sie wiederholte nur ihren Vorſatz, kein
Wort mehr zu ſagen. Er warf ſich wieder zurück und
lag eine Weile ganz ſtill. Da ſie ihm nicht grabezu wider=
ſprochen hatte, konnte der Gedanke, der ihm plötzlich durch
den Kopf geſchoſſen war, wohl das Richtige getroffen ha=
ben. König Joſeph, wie er überall gehört hatte, war ein
leidenſchaftlicher Jäger, er ritt oft ganz allein oder ging
auch zu Fuß bei ſtrengſtem Wetter hinaus, um dem eblen
Waidwerk obzuliegen; auf großen Hetzjagben konnte ihm
ſelten einer von den Cavalieren folgen, ſo kühn ſetzte er
über Stock und Block. Auch das Alter, ſo viel man ihm
geſagt, konnte paſſen. Der junge Herr, den er heute ge=

troffen hatte, mochte auch nicht viel über zwanzig Jahre
alt sein, und wie vornehm blickte er von seinem schönen
Hengst hernieder! Welche Folgen konnte diese Begegnung
für den Mann haben, der, dem Gesetz verfallen, sich hier
in der unmittelbaren Nähe der Kaiserstadt keck eine neue
Freistatt gesucht hatte? Langsam richtete er sich, nachdem
er darüber einige Zeit schweigend gebrütet hatte, wieder
halb empor und stützte sich auf den Ellbogen.

„Kathi, Du brauchst mir nichts weiter zu sagen,"
begann er von Neuem. „Wie es kommen soll, kommt es
doch. Es wär' besser gewesen, ich hätte Dich auch, wie
mein Herr Rittmeister mit seinem Töchterlein gethan hat,
guten Leuten geben und mit ihm nach Ungarn ziehen sollen. Das Kriegshandwerk ist doch ein besser Handwerk
als mein's."

„Ihr könnt's ja aufgeben, Vater," entgegnete die
Tochter.

„Schon recht, ich könnt's aufgeben, aber schau —
ich mag's nicht. Es ist halt einmal angefangen. Wenn es
ein schlimmes Ende nehmen sollte, hast Du ja immer
noch Deinen Ring. Den heb' Dir nur auf, ich will nichts
weiter davon hören."

Er legte sich nun, gleichsam beruhigt über seine
Zukunft, zum Schlafen zurecht, und es währte nicht lange,
so verriethen seine Athemzüge, daß er wirklich fest ein-

geschlafen war. Die Tochter saß neben ihm unter der
Buche, welche ihre weit ausgestreckten Aeste zum Schirm=
dach über Beide breitete. Ringsum waltete jetzt die Stille
des Hochmittags. Die Klänge der Jagd, welche aus der
Ferne vorher zu ihnen herüber geklungen, waren längst
verstummt; der Edelhirsch mochte schon unter dem Fän=
ger des fürstlichen Herrn verendet, die ganze Jagdgesell=
schaft bereits auf der fröhlichen Heimkehr sein. Diese Ein=
samkeit herrschte wiederum in der grünen Waldnacht.
Das Wild, das zahlreich aufgescheucht in entlegene Re=
viere geflohen war, hatte sich, von der Todesangst be=
freit, in sichere Lagerstätten gedrückt, die ganze Welt der
Insekten, die sonst in zahllosen Schwärmen in Halm und
Gesträuch, auf den wilden Blumen am Berghang und
über den Wellen sich des kurzen Daseins freut, schien
ausgestorben: jedes Wesen hatte sich einen friedlichen Ver=
steck gesucht; keines Vogels Lied ließ sich hören, selbst die
Flut im Grunde schien leiser an den Rändern zu rau=
schen, die der weitern Ausbreitung der Gewässer einen
Damm gesetzt hatten. Das Auge des jungen Mädchens
blickte träumerisch in die Tiefe des Waldes, zuweilen
verschwand es unter den Lidern, welche sich schwer senkten,
als wolle der Schlummer auch zu ihnen einkehren, aber
es war immer nur für einen Moment, und die Traum=
bilder, welche sich nahten, mochten keine erfreulichen sein,

denn Kathi blickte schreckhaft jedesmal auf und setzte sich
wieder in feste Haltung, um der Müdigkeit, welche sie zu
überwältigen drohte, zu wehren. Dann sah sie zum Vater
hernieder, der so ruhig schlief, als ob keine Sorge jemals
sein Herz bedrückt hätte. Er schien ihr jünger, kräftiger,
die braune Farbe seiner Wangen von einem gesunden
Roth, das ihnen sonst fremd war, durchleuchtet zu sein;
nur das starre, weiße Haar, der schlecht rasirte Bart
gaben ihm ein häßliches Ansehen. Und trotz dieser Häßlichkeit würde ein Dritter zwischen ihm und dem jungen
Mädchen, das ihn bewachte, unläugbar eine große Aehn-
lichkeit gefunden haben, welche ihre nahe Verwandtschaft
bekundete. Schön war Katharina freilich auch nicht, dazu
fehlte ihren Zügen die Regelmäßigkeit, dem Gesichte die
feinere Färbung, aber sie hatte ein dunkles, treues Auge
und einen Ausdruck der Mienen, der wohl Vertrauen ein-
flößen konnte.

Als der Vater gar so fest schlief, zog sie den Ring
aus ihrem Brusttuche hervor und betrachtete ihn eine
lange Weile mit Wohlgefallen. Was mochten wohl die
Kräfte sein, welche der schöne blaue Stein nach des Vaters Worten besitzen sollte? Konnte er böse Geister ban-
nen? O dann hätte sie ihn mit Freuden ihrem Vater
wieder gegeben, hätte ihn wie ein geweihtes Amulet auf
seiner Brust befestigt! Aber wenn er auch das nicht ver-

mochte, so knüpfte sie doch anderweitige Hoffnungen an
seinen Besitz, und der Vater hatte mit seiner Rede vom
schlimmen Ende, das zuletzt wohl kommen mußte, nahe
an ihre eigenen Gedanken gestreift.

Sie hatte den hohen Herrn, welcher ihr zuerst in
Sanct Stephan beim Hochamte gezeigt und genannt wor=
ten war, auf den ersten Blick wieder erkannt, als der
kühne Reiter hart an dem Versteck, in welchem sie mit
ihrem Vater geflüchtet war, in die heimtückische Flut setzen
wollte. Ihre rasche That, zu welcher sie den Muth ge=
habt hatte, erschreckte sie jetzt selbst, wenn sie bedachte, wer
sie war, die es gewagt hatte, ihre Hand zu ihm zu er=
heben. Es hatte sie auch gleich zur Besinnung gebracht,
als sie vom Bug seines Rosses zu Boden geworfen wor=
ten; er hatte ihr kein gnädiges Wort oder nur ein be=
rauerndes gesagt, sondern ihr die Belohnung, wie es ihm
wohl anstand, in diesem reichen Geschenk zugeworfen. Das
hatte sie nun in Händen, wie ein theures Pfand. Wenn
einst — aber hier überfiel sie eine heiße Angst und es war
ihr, als müsse sie den Vater wecken, daß er sich rette von
dem Unheil, welches sie in Gedanken über ihn herein=
brechen sah.

Zweites Capitel.

Des Königs Auftrag.

Die Jagdgesellschaft, welche sich nach und nach wie=
der zusammengefunden hatte, war auf dem Heimwege in
viele Gruppen zerstreut und ritt nach Belieben schnell
oder langsam, denn sie war, nachdem bei dem erlegten
Hirsch Curee gemacht und Jedem sein Jagdrecht gesche=
hen war, entlassen worden. In rascher Gangart hatte
der fürstliche Herr, welcher allein zum Halali gekommen,
mit dem letzten seiner Begleiter, der an dem breiten Erd=
riß zurückgeblieben war, wiederum die Spitze genommen;
mehrere Cavaliere, Jagdpagen und Diener folgten ihm,
jedoch in einiger Entfernung, da sie schon wußten, daß
der Gebieter, wenn er mit dem Grafen Trautson ritt,
es nicht liebte, sie dichtauf zu sehen. Die Uebrigen hatten
sich völlig getrennt und der Zug, der nun den gebahnten
Weg genommen hatte, war vielleicht auf eine halbe Stunde
einzeln auseinander gekommen. Sie ritten nun, in das
Freie gelangt, dem Gatterhölzl zu, wie das Wäldchen
bei dem Jagdschloß genannt wurde, das erst viel später
unter Maria Theresia und Joseph zu dem Prachtbau
Schönbrunn gedieh. Damals stand es zwar schon hun=

dert und vierzig Jahre, denn Kaiser Max II. hatte es er=
baut, aber es hatte nach ihm dem Kriegszahlmeister
Gattermeyer gehört, welchem es Kaiser Rudolph ge=
schenkt hatte, davon eben das schöne Gehege das Gatter=
hölzl genannt worden war; seitdem war es wieder lan-
desfürstliches Eigenthum und bereits etwas vergrößert
worden, aber noch immer sehr beschränkt, da es nicht zu
einer Residenz, sondern nur für flüchtigen Jagdaufenthalt
bestimmt war. Heute schien ihm gar kein Besuch mehr
zugedacht. Die vordersten Reiter ließen das kleine Jagd=
schloß, wie freundlich und einladend es auch aus seiner
grünen Umgebung herüber sah, zur Seite liegen und
wandten sich rechts zur Brücke über die Wien, um durch
das Gumpendorf zu reiten, zu jener Zeit noch eine der
wenigst angebauten „Lucken“, wie die Vorstädte der fe-
sten Kaiserstadt hießen.

„Eure Majestät will also durchaus nicht, daß nach=
geforscht werde?“ fragte der Cavalier zur Linken des
jungen fürstlichen Herrn, als Beide eben die Brücke passir=
ten, an deren Pfeilern das hochangeschwollene Wasser der
sonst so kargen Wien rauschte.

„Nein, Leopold,“ antwortete der König. „Er hat
mir, wenn auch unverlangt und wie ich glaube ziemlich
unnöthig, einen Dienst erwiesen, und mag daher, bis er
sich weiter vergeht, unbelästigt bleiben. Sprechen Sie

also mit Niemand über das Abenteuer, das ich Ihnen erzählt habe. Hören Sie, Trautson?" Der Graf verneigte sich.

„Es könnte aber doch auch sein," sprach er dann, „daß der alte Mann kein Raubschütz wäre, wie mein gnädigster Herr annimmt. Warum sollte er sich nicht aus bloßer Lust grünen Bruch auf den Hut gesteckt haben?"

„Glauben Sie mir," erwiederte der König lächelnd, „das Handwerk verläugnet sich nicht. Ich habe einen guten Blick, den Jägersmann zu erkennen — der Alte war ein echter Waidmann, wenn auch kein berechtigter. Ihre milde Seele, Leopold, will Alles zum Besten kehren, versöhnen, vermitteln; ich erkenne das vollkommen an! Sie werden noch viel Gelegenheit dazu finden, wenn Gott uns Beiden ein langes Leben schenkt."

Er war ernst geworden und Beide ritten eine Weile schweigend neben einander. Sie waren ziemlich von gleichem Alter, im Aeußern aber sehr verschieden. König Joseph war nicht groß, aber stark und kräftig gebaut; blondes Haar, wenn er es, der Mode der Zeit entgegen, frei trug, überschattete eine hohe edle Stirn; unter dichten, schön gebogenen Brauen strahlte ein geistvolles, blaues Augenpaar. Das regelmäßige Antlitz von blühenden Farben, sehr weiß trotz der unausgesetzten Bewegung in freier

Luft, mit Wangen vom frischesten Roth, war von herz=
gewinnenden Zügen; um den Mund, welcher nicht die
starke Unterlippe seines Geschlechts zeigte, spielte meist,
wenn er sprach, ein freundliches Lächeln, das von seiner
unendlichen Herzensgüte wohlthuende Kunde gab. Er war
lebhaften, feurigen Temperaments, Meister in allen ritter=
lichen Künsten, der Wissenschaft hold, aber vor Allem dem
Kriegswesen. Wie hatte er sich gesehnt, unter dem ruhm=
gekrönten Feldherrn seines Vaters, dem Prinzen Eugen
von Savoyen, sich die Sporen zu verdienen! Wie gab er
sich den stolzesten Hoffnungen für seine Zukunft hin, wenn
Er einst seine Heere in Europas Kriegen zum Siege
führen werde!

Graf Leopold Trautson war weniger einnehmend
auf den ersten Blick, als der König, mit welchem er durch
die Bande der innigsten Jugendfreundschaft verbunden
war. Aber wer ihn näher kennen lernte, der mußte ihn
achten und lieben. Er war gewöhnlich ernst und seine tiefe
Frömmigkeit gab ihm zuweilen ein strenges Ansehen, aber
seine Seele kannte nur Milde und Versöhnung, wie es
König Joseph auch ausgesprochen hatte.

Die Sonne, welche eine Zeitlang von vorüberzie=
henden Wolken verdunkelt gewesen war, trat jetzt wieder
hervor und verklärte mit ihren Strahlen die hochgethürmte
Stadt und die herrliche Gegend ringsumher, von der

Spinnerin am Kreuz zur Rechten, deren gothische Spitz=
säule auf der Höhe steht, welche die Straße nach Steier=
mark ersteigt, bis herüber zum Weingebirge mit seinen
fruchtschweren Reben und im weitern Bogen gen Norden,
wo die Berge zur blauen schimmernden Donau abfallen.
Dies köstliche Landschaftbild, das sich den gepriesensten
deutscher Erde würdig anreiht, verfehlt seinen Eindruck
auch auf Diejenigen nicht, welche des Anblicks vom täg=
lichen Schauen wohl gewohnt sein könnten, ja, es schwellt
grade die Brust, welche dort heimisch ist, mit freudigeren
Gefühlen, stolz auf das Vaterland.

Kaum fünfzehn Jahre waren vergangen, seit hier
der Huf türkischer Spahi's, unter welchem das Grün von
der blutigen Erde verschwindet, die Fluren zertreten, die
Faust des Janitscharen den Brand in hundert friedliche
Dörfer geworfen und ruchlos die Kirchen und Kapellen
zerstört hatte. Vor fünfzehn Jahren hatte das Geschütz
rastlos gegen die bedrängte Stadt gedonnert, der Sturm
ihre Wälle und Thore bedroht, und nur die Habgier Kara
Mustapha's, der Wiens Schätze für sich allein retten und
darum die Stadt durch Uebergabe, nicht durch Erstürmung
gewinnen wollte, wo sonst jene Reichthümer der Plünde=
rung anheim gefallen wären, hatte es möglich gemacht,
durch die zum Entsatz herbeieilenden Heerschaaren Wien
zu retten. Noch sah man wohl viele Wahrzeichen der

Verwüstung, aber im Ganzen hatte sich die fruchtbare, reiche Landschaft wunderschnell erholt. Es ist, als ob des Menschen Geist und Kraft nach großen Drangsalen um so stärker und thatenfrischer sich erhöbe, das Leid so schnell als möglich vergessen zu machen. Ueberall hatten sich die Dörfer mit neuen Hütten wieder aus Schutt und Asche erhoben, lachten die Fluren im üppigsten Fruchtsegen. Der stolze Feind, der zum Zweitenmale sich vermessen, an die Thore der Kaiserstadt zu klopfen, war nach einem langen, furchtbaren Kriege bezwungen und dem Erzhause sein gutes Recht auf das ganze ungarische Land endlich gesichert worden. Frieden überall in der Welt und seine Segnungen erfreuten in unmittelbarster Nähe das Auge des Fürsten, der nach Gottes Rathschluß vielleicht sehr bald berufen sein sollte, über Habsburgs Lande zu herrschen.

„Sieh, das ist schön, Leopold!" sagte der König, und sein blaues Auge strahlte von einem höhern Glanze. „Gott segne mein Oesterreich! Nun hat es Frieden im Osten wie in Westen, und wenn es dem ehrsüchtigen Lud=wig Ernst ist, die Ruhe in Europa zu erhalten, wie er feierlich versichert hat, so wird unser Vaterland herrlicher aufblühen, als je zuvor!"

„Trauen Sie den Worten des französischen Königs so unbedingt?" entgegnete Trautson.

„Ich traue ihm nicht," erwiederte der König. „Wenn
es sein Vortheil mit sich bringt, den Frieden, den er dies=
mal ohne Gewinn geschlossen hat, wieder zu brechen, wird
er es ohne Bedenken thun. Aber die Macht der Verhält=
nisse ist doch stärker, als er. Die Fürsten haben ihn ken=
nen gelernt, ihn und seine hochfahrenden Pläne, Frank=
reich an die Spitze Europas zu stellen, statt der alten
deutschen Kaisermacht, und Alles zu Boden zu treten, was
noch am guten Rechte haltend seinen Plänen im Wege
steht. Regt er neuen Kampf an, so werden alle Fürsten
einmüthig wider ihn stehen. Das weiß auch er und dar=
um wird er Frieden halten."

„Und die Umtriebe in Spanien?" wandte Traut=
son ein.

„Sie müssen scheitern!" rief der König. „Ich habe
freilich unserm Bonaventura Harrach nicht getraut, so gu=
tes Glück auch sein Vorname verheißt, er ist ein vortreff=
licher, liebenswürdiger Mann — wie hätte ihm auch sonst
mein Vater seine Freundschaft zugewendet? Aber er war
eben zu liebenswürdig für die dortige Mission. Sein
Sohn wird vielleicht nicht geschickter sein. Kaunitz wäre
ein anderer Mann gewesen, so viel ich urtheilen kann.
Mein Vertrauen steht aber nicht in die Gesandten, son=
dern in habsburgische Gesinnung! Niemals kann ein
Habsburger vergessen, aus welchem Stamme er ent=

sproſſen iſt. König Karl von Spanien iſt der Nachkomme
des Kaiſers Max, wie mein Vater und ſeine Söhne!"

Der Graf erwiederte nichts, aber ihm ſchien es,
der König ſei wohl ſelbſt nicht der feſten Ueberzeugung, die
er ausſprach.

Sie ritten unterdeſſen im Gumpendorf ein und be=
merkten in dem hochgelegenen Theile viel Arbeiter in
den Gartenanlagen beſchäftigt. „Der Königsegg hat ſich
einen ſchönen Platz für ſein neues Haus ausgewählt!"
ſagte Trautſon. „Und er baut doch nur für Andere, da er
wohl keine Kinder haben wird."

„Seine Geſchwiſter werden es ihm danken," ver=
ſetzte der König. „Es ſind wohl noch zehn, nicht wahr?
Unſer Carolus Fidelis gehört auch dazu — Prinz Eugen
lobte ihn ſehr, als einen der tapferſten und verſtändigſten
Offiziere; er iſt zum Hohenzollernſchen Regiment verſetzt
und wird nächſtens ankommen."

Graf Trautſon freute ſich über dieſe Nachricht, da
er mit dem jungen Königsegg befreundet war.

„Die Stiefmutter wohnt ja wohl in dem neuen
Hauſe dort?" fragte der König. „Sie ſoll eine intereſſante
Frau ſein."

„Eine echte Italienerin!" verſicherte Trautſon.
„Wenigſtens," ſetzte er hinzu, „der ſüdlichen Lebhaftigkeit
und dem regen Geiſt nach — ihren Character kenne ich

nicht, kann daher nicht beurtheilen, ob sie auch in dieser
Hinsicht dem Bilde gleicht, das man sich gewöhnlich von
den Italienerinnen macht. Sie muß aber doch wohl in
Liebe und Achtung bei der Familie stehen, daß ihr der
Stiefsohn als Erbe diese schöne Wohnnng, die prachtvoll
ausgestattet sein soll, eingeräumt hat. Ich habe sie gestern
im Hause der Gräfin Rabutin gesehen, wo Alles erstaunt
war, sie einmal zu treffen, da sie sonst ganz zurückgezo=
gen lebt. Darum hat sie aber doch dem Interesse an der
großen Welt nicht entsagt; sie weiß Alles, was vorgeht,
und soll hie und da auch noch an dem glänzenden Ge=
webe der vielfach sich kreuzenden Fäden spinnen helfen.
Ihrem Auge entgeht so leicht nichts, was sich in der Ge=
sellschaft zuträgt; auch mich erkannte sie wieder, obgleich
sie mich in vielen Jahren nicht gesehen hat. Ihr Gemahl
ist über sechs Jahre todt, und ich bin in seinen letzten Leb=
zeiten, obgleich er mein Herr Pathe war, nicht oft im
Königsegg'schen Hause gewesen, da ich studirte. So glaubte
ich, sie werde sich des jungen Menschen, um den sie sich
damals sehr wenig kümmerte, nicht mehr erinnern, und
hielt mich etwas zurück. Sie ließ mich aber durch einen
Bekannten zu sich rufen und sagte mir viele freundliche
Worte. Von der Heimkehr ihres Sohnes aus Ungarn
schien sie aber nichts zu wissen, denn sie sprach von ihm
und bedauerte, daß er wohl noch den nächsten Winter

draußen zubringen werde. Auch die Brüder, von denen Zwei in der Gesellschaft anwesend waren, wußten nichts davon."

„Es ist kürzlich erst angeordnet worden," erklärte der König. „Sprach man bei der Rabutin viel über Spanien?" Offenbar lag ihm diese Angelegenheit, welche das Recht und die Ehre seines Hauses berührte, sehr am Herzen, und es war keine Frage, daß in dem Hause der stolzen und geistreichen Prinzessin von Holstein, welche in zweiter Ehe mit dem Feldmarschall Grafen Rabutin vermählt war und in ihrem Palais auf der Wollzeile seit Jahren schon die ausgewählteste Gesellschaft um sich versammelte, die schwebende Lösung des Verhältnisses, welches an der Schwelle des neuen Jahrhundertes die Gemüther beschäftigte, wohl besprochen worden sei.

Die Antwort des Grafen Trautson bestätigte den König in seiner Annahme. Die Meinungen über den Ausgang seien sehr getheilt gewesen, wenn auch natürlich nur eine Ansicht über das Recht die Gesellschaft beseelt habe; allgemein habe man die größere Geschicklichkeit Frankreichs im Intriguenspiel gefürchtet.

„Wagt Frankreich hier einen Knoten zu schürzen," erwiederte König Joseph, „einen Knoten, der friedlicher Lösung spottet, so mag es zusehen, wohin das führt." Er sprach es nicht aus, daß er an eine Lösung durch das

Schwert dachte, aber Trautson konnte es in seinen kühn
in die Ferne blitzenden Augen lesen.

Der Theil der Vorstadt, in welchem einiger Anbau
in letzter Zeit geschehen war, lag nun hinter ihnen; sie
kamen durch vereinzelte, ärmliche Hütten des ehemaligen
Judendorfes zum öden Glacis, das noch seiner ursprüng=
lichen Bestimmung als Abdachung des äußern Graben=
randes der wohlbefestigten Stadt nicht entzogen war und
darum das unerquicklichste Ansehen hatte. Am Kärnthner=
thurm, welcher finster und drohend den Eingang von
Wien hütete, kam ihnen eine Abtheilung kaiserlicher Dra=
goner entgegen; ihre rothen Röcke leuchteten weither, sie
sangen ein lustiges Soldatenlied. Der Führer, ein schlan=
ker Offizier auf einem starken Schimmelhengst, erkannte
den römischen König sogleich, hieß seine Leute still sein
und sprengte heran, seine Meldung zu machen. Als er
die Hand zum silberbordirten Hut führte, um ihn abzu=
nehmen, wie damalige Sitte auch dem Kriegsmann in
Uniform gebot, fiel dem Könige die schöne und edle Ge=
sichtsbildung des jungen Offiziers auf und er fragte ihn
freundlich nach seinem Namen.

Der Offizier warf einen raschen Blick, der fast wie
ein Vorwurf aussah, auf den Grafen Trautson und er=
wiederte dann: „Fähnrich von Riedau!“ Vom Könige
entlassen, sprengte er wieder zu seiner Mannschaft, an

deren Spitze er weiterzog. Trautson berichtete seinem
Herrn, daß er mit Riedau bekannt und dieser ein besonderer Liebling der Gräfin Rabutin sei, in deren Hause
er ihn noch gestern gesprochen habe; er setzte hinzu, daß
eben durch diesen Riedau die verwitwete Königsegg ihn
habe zu sich entbieten lassen, um ihm zu zeigen, daß sie
Niemand vergesse, mit dem sie einmal in Beziehung gekommen sei. Riedau, erzählte er ferner, sei ihm vor
etwa einem Jahre durch Karl Fidelis, seinen Freund,
empfohlen worden, und er habe ihn wegen seines heitern
und liebenswürdigen Wesens schätzen gelernt.

„Wie doch mein Leopold seine Worte abzuwägen
weiß!" sagte der König lächelnd. „Nie zu viel, nie zu
wenig! Er weiß von dem jungen Manne nicht mehr zu
sagen, als daß er ein heiterer und liebenswürdiger Ge-
sellschafter und wahrscheinlich darum der Liebling der
Prinzessin von Holstein ist; er kann ihn deßhalb nicht
grade zu besonderer Beachtung empfehlen, aber er möchte
doch auch gern, daß der Freund eines gemeinsamen
Freundes nicht übersehen werde, darum schätzt er ihn.
Seien Sie ruhig, Trautson, dieser junge Mann wird seinen Weg durch die Welt schon machen, er empfiehlt sich
selbst durch sein Gesicht. Haben Sie schon ein so klassisch
edles Profil gesehen? Diese Stirn, diese schöne griechi-
sche Nase! Wie hieß er? Riedegg?"

„Riebau, Majestät. Aus einer alten Soldaten=
familie, die nichts ihr Eigen genannt, als den Degen. Er
ist der Letzte seines Geschlechts."

„Nun, dann soll er sich bald nach einer Frau um=
schauen," scherzte der König. „Es wäre Schade um ein
so schönes und tapferes Geschlecht."

„Die Holsteinerin wird schon für ihn sorgen," er=
wiederte Trautson in gleichem Tone. „Und auch meine
Frau macht sich Gedanken darüber. Wär' er ein Cavalier
von hohem Adel, so würde es ihm nicht fehlen, denn ich
kann Euer Majestät versichern, daß er unter den jungen
Damen unserer vornehmsten Häuser Aufsehen macht."

„Dem Soldaten ist der höchste Adel, ja eine Krone
erreichbar!" sagte der König lächelnd. „Hat er noch
Eltern?"

„Sein Vater ist in Ungarn gefallen," war die
Antwort.

Sie ritten während dieses Gesprächs in die Stadt
ein und Graf Trautson wurde, noch ehe sie die Hofstatt
erreicht hatten, entlassen. — „Wenn Sie, ohne irgend
Aufsehen zu erregen, erfahren können, wer mir heute im
Thiergarten seine Dienste aufgedrungen hat, so wäre es
mir doch lieb," sprach der König dabei. „Ich habe dem
Mädchen einen Ring hingeworfen, den ich lieber mit
Geld auslösen möchte."

Er blickte dabei den Freund so klar und offen an, daß, wäre auch Leopold Trautson dessen fähig gewesen, jeder unlautere Gedanke sofort unterbrückt worden wäre. Aber der Graf war selbst zu rechtschaffen, um nur den Schatten eines leichtfertigen Verdachts zu hegen. Er versprach, dem Befehle in geeigneter Weise Folge zu leisten, und der König erinnerte ihn nochmals daran, daß er alles Aufsehen vermeiden und vorzüglich weder den Lamberg noch den Sintzendorff mit ihrem Hofjagdamt auf die Spur setzen solle. Dann grüßte er den Jugendfreund zum Abschiede und ritt mit seinem Gefolge hinweg.

Es war für Trautson ein schwieriger Auftrag, den er bekommen hatte. Wenn der Mann, welcher seinem Herrn im Thiergarten begegnet war, wirklich das gefährliche Handwerk eines Raubschützen trieb, so war es sehr unwahrscheinlich, daß er sich seiner Begegnung rühmen werde. Für die Annahme des Königs sprach allerdings sehr viel. Was hatte der Mann in dem umhegten Thiergarten, zu welchem Niemand, als den kaiserlichen Jagdbedienten der Zugang frei stand, zu schaffen? Trautson hatte eigentlich gegen seine Ueberzeugung gesprochen, als er das Aufstecken eines grünen Bruchs auf den Hut anders erklärte — auch ihm galt es für den Schmuck, den der Waidmann sich gibt, wenn er ein Wild erlegt hat. Ungewöhnlich war es nur, daß der Alte ein junges

Mädchen bei sich gehabt — doch nach ihrem entschlosse=
nen Thun zu urtheilen, war sie ihm vielleicht grade eine
geschickte Helferin auf seinen bösen Wegen. Wie sollte
nun die Spur von Beiden gefunden werden? Und durch
wen?

Am nächsten Tage ritt Trautson, nur von einem
einzigen Diener gefolgt, wieder hinaus nach Schönbrunn.
Seine junge Gemahlin neckte ihn wegen dieser Jagd=
passion, welche bei ihm offenbar zu ihrem größten Be=
dauern im Zunehmen sei und ihr mehr und mehr seine
Gesellschaft zu entziehen drohe — es war ihm peinlich,
daß er ihr nicht den wahren Grund entdecken konnte, aber
der König hatte ihm ausdrücklich geboten, auch gegen seine
Gemahlin über den Vorfall zu schweigen. In Schönbrunn
stieg er eine Weile ab und sprach mit dem Wildmeister,
der ihn kannte, scheinbar ganz absichtslos wie zu bloßer
Unterhaltung von den neuen Verschönerungen des Jagd=
schlosses, welche auf Befehl des römischen Königs, der
Schönbrunn besonders liebte, angeordnet waren, von der
gestrigen Jagd und ihrer ungewöhnlich langen Dauer,
kam dann auf den Wildstand und fragte, ob sich derselbe
nicht in letzter Zeit, besonders seit dem Besuche des russi=
schen Caren, bedeutend vermehrt habe, da soviel Wild
von weit und breit, um den Thiergarten stärker zu be=
völkern, zusammengetrieben worden sei.

Der Wildmeister wollte davon nichts wissen, äußerte, daß dafür auch mehr gejagt würde und Seine römische Majestät, der ein vortrefflicher Schütz sei und das edle Waidwerk hoch in Ehren halte, manchen Tag zweimal heraus kämen, wodurch der Wildstand verringert werden müsse.

„Es wird auch gewildert, gnädiger Herr Graf," setzte er hinzu, „das ist eben mein Aerger. Wenn ein Hirsch oder ein Eber von der Hand Seiner Majestät oder eines seiner Cavaliere erlegt wird, so ist das in der Ordnung, dazu ist das Gethier auf der Welt und wir kaiserlichen Jagdbedienten haben dafür zu sorgen. Aber wenn sich gemeine Buben unterstehen, auf ihre eigene un= gewaschene Faust zu jagen, so ist das ein Frevel wider die Autorität und kann nicht hart genug bestraft werden."

„Geschieht es denn hier?" fragte der Graf, hoch= erfreut über die Aussicht, die sich ihm unerwartet er= öffnete.

„Freilich geschieht's, Euer Gnaden! Manch' schö= nes Stück ist uns schon auf diese Manier schändlich ge= raubt worden."

„Und keine Strafe schreckt davon ab?"

„O das würde schon abschrecken!" sagte der Wild= meister grimmig. „Aber, wie die Nürnberger sagen, man hängt Keinen, ehe man ihn hat. Es ist noch nicht gelun=

gen, auch nur eines Einzigen von der Bande habhaft zu
werden."

„Eine ganze Bande, sagt Ihr, treibt ihr Wesen?"
fragte der Graf verwundert.

„Wie könnte es anders sein, daß soviel Wild ge=
schossen wird?" erwiederte der Forstbediente. „Es muß
eine Bande sein, mit Spionen und Schildwachen, denn
es ist verwunderlich, daß noch kein Einziger einmal be=
troffen worden ist. Wenn mir aber erst Einer vor die
Büchse kommt, entlaufen soll er mir nicht mehr!" Der
ergrimmte Blick des alten Forstmanns gab diesen Worten
eine unheilsvolle Deutung.

„Wird denn auch eifrig auf die Raubgesellen ge=
fahndet?" fragte der Graf.

„Ei, ich glaub's, Euer Gnaden! Das können Sie
sich wohl denken. Aber wenn unsere Grünröcke hinaus
kommen, mag's bei Tag oder im Zwielicht sein, ist Alles
todtenstill; es hat noch Keiner einen Schuß fallen hören,
den er hätte verfolgen können, und manchmal sitzt man
daheim oder liegt im Bett, hört man's knallen oft so
nah, daß man rasend werden möchte und nur schnell die
Büchse von der Wand reißt, um auch seine Freud' zu ha=
ben. Aber es ist Alles umsonst."

„Den kaiserlichen Thiergarten verschonen sie wohl?"
warf Trautson hin.

„Warum?" entgegnete der Wildmeister. „Dort ha=
ben sie ja die wenigste Mühe. Ich weiß übrigens nicht,
daß von dort schon Etwas gemeldet worden wäre. —
Euer Gnaden könnten dem Herrn Oberst=Jägermeister
zureden, daß er strengere Maßregeln ergreift!"

„Aber, guter Freund, was soll geschehen, wenn
Keiner ertappt oder nur in Verdacht ist?" erwiederte der
Graf lächelnd. „Sagtet Ihr nicht selbst, was Nürn=
berger und wohl Allerwelts Brauch ist?"

„Was geschehen soll, Euer Gnaden!" rief der
Wildmeister hitzig. „O ich wollt's schon machen, wenn
ich nur dürfte! Eine Haussuchung ließe ich halten in ganz
████ und in welcher Kuchel oder Speiskammer nur ein
████ Wildpret, eine Decke vom Hirsch, ja nur eine
Blume davon gefunden würde, der müßte vor's Malefiz."

„Nun laßt nur gut sein!" sagte Trautson lachend.
„Es wird auch ohne einen solchen Kreuzzug gegen die
Wiener Küchen an den Tag kommen. — Vielleicht treffe
ich selbst heute Einen von der schlimmen Compagnie: ich
will einen Ritt in den Thiergarten machen; gebt mir
Jemand mit, der mir aufschließt."

„Gnädiger Herr," erwiederte der Wildmeister et=
was verlegen, „es wird nicht wohl angehen — wir haben
die strengste Ordre. Nur den Herren von Seiner Kaiser=

lichen Majestät Conferenz dürfen wir ohne weitern Aus=
weis —"

„Ganz recht!" unterbrach ihn der Graf. „Wie
konnte ich das vergessen? Ich will Euch nicht zu einer
Pflichtverletzung verleiten, und bin vielleicht grade in ei=
ner andern Richtung glücklicher. Laßt mir mein Pferd
vorführen."

„Eure Gnaden wollten wirklich eine Streife auf
die Ruchlosen unternehmen?" fragte der Forstmann sehr
erfreut. „Sie sind doch auch gut bewaffnet?" Der Graf
beruhigte ihn darüber und ritt dann in der Richtung auf
den Wiener Berg landeinwärts, wo er freilich nicht hof=
fen durfte, daß ihm der Zufall zu der Entdeckung ver...=
fen werde, zu welcher ihm außer einer ziemlich g...
Beschreibung der Persönlichkeit, die ihm der Kön...
macht hatte, aller Anhalt fehlte. Der König schien von
dem Dasein einer vollständig organisirten Raubschützen=
bande, wie sie der Wildmeister als unzweifelhaft annahm,
nicht unterrichtet zu sein, sonst würde er zu Trautson
wohl davon gesprochen haben. Vielleicht hatte ihm Graf
Lamberg keine Meldung davon gemacht, um ihn bei sei=
ner Leidenschaft für die Jagd nicht zu erzürnen und mit
unbestimmten Gerüchten zu beunruhigen; er wollte ab=
warten, bis er mit Thatsachen hervortreten könne. Mochte
dem sein, wie ihm wolle, so stand doch fest, daß der Kö=

nig nicht wünschte, den Mann mit seiner Tochter, den er
im Thiergarten getroffen hatte, in eine Untersuchung ver=
wickelt und bestraft zu sehen, und daß er nur deshalb
ihn ausfindig gemacht haben wollte. Gewiß hatte er dann
im Sinne, ihn großmüthig in den Stand zu setzen, sein
schlechtes Gewerbe aufzugeben und sich ehrlich durch die
Welt zu helfen. Wo hatte aber der Mann seinen Schlupf=
winkel? Es war kaum anzunehmen, daß er in einem
der umliegenden Dörfer ganz öffentlich wohne, um von
dort aus sein geheimes Wesen zu treiben, sei es allein
mit dem jungen Mädchen, das ihm wohl zum Spion und
zur Schildwache diente, oder in Verbindung mit anderm
Lichter. Viel eher war zu vermuthen, daß er in einer
vielen zerstreuten Hütten, welche hier und da lagen,
Lager aufgeschlagen habe, und Graf Trautson, der
sich nun selbst für die Entdeckung lebhaft zu interessiren
begann, ließ sich die Mühe nicht verdrießen, seinen Streif=
zug weiter auszudehnen, als er Anfangs im Sinne ge=
habt hatte. Es ist eine oft wiederkehrende Erscheinung,
daß das Aufspüren von Verbrechen einen eigenthümlichen
Reiz selbst für edlere Naturen hat. Ist es Gerechtig=
keitsgefühl oder jener dunkle Trieb in dem räthselvollen
Menschenwesen, der fort und fort seit Kain's That sich
vererbt hat? Dem Diener, der ein so planloses Umher=
streifen an seinem Herrn nicht gewohnt war, mußte es

auffallen, daß er zuweilen, wenn er einzelne Wanderer im Felde bemerkte, von seinem Wege abwich, um sich ihnen zu nähern; es war unverkennbar, daß er irgend einen Zweck dabei hatte, aber zu hoffen stand nicht, daß er ihn selbst einem so alten treuen Diener seines Hauses, als der war, der ihm folgte, entdecken werde, denn wie gütig er auch gegen ihn, wie gegen sein ganzes Haus= gesind war, ließ er sich doch nie zu Vertraulichkeiten herab.

Wie vorherzusehen war, hatte der Ausflug kein anderes Ergebniß, als was in Schönbrunn von dem Wildmeister in Erfahrung gebracht worden war: daß allerdings in der Gegend des Thiergartens seit eini= Zeit Raubschützen sich bemerklich gemacht hätten und mit der gesuchte Mann zu ihnen gehören könne. Diesen zu finden, war nur möglich, wenn dazu mehr Kräfte in Bewegung gesetzt wurden, und das schien mit der aus= drücklichen Verwarnung, kein Aufsehen zu erregen, nicht vereinbar zu sein. Der Graf kehrte nach Hause zurück, zweifelhaft, ob er hier auf eigene Verantwortung handeln oder dem Könige nochmals anheimstellen solle, die ganze Sache, welche doch nicht von Wichtigkeit sei, fallen zu lassen.

Als Trautson zu seiner Gemahlin eintrat, empfing sie ihn mit der Nachricht, daß die verwitwete Gräfin

Königsegg hergeschickt habe, um ihn bitten zu lassen, ihr
bald einmal seinen Besuch zu schenken, sie wünsche ihn in
einer gewissen Angelegenheit zu sprechen. Was diese An=
gelegenheit betreffe, konnte sich der Graf nicht denken;
vielleicht betraf es ihren Stiefsohn, von dessen bevorste=
hender Heimkehr sie seit gestern gehört haben mochte.

„Nimm Dich in Acht!“ scherzte seine Gemahlin.
„Die Gräfin ist noch immer eine schöne Frau, und mei=
ne Mutter hat mir erzählt, daß sie als Marchesina di
San Martino e Parella in Turin den ganzen piemon=
tesischen Adel unglücklich gemacht hat, als sie dem Gra=
fen Dessana ihre Hand gab. Sie war schon einmal ver=
heirathet, wie Du weißt. Ich habe sie genau beobachtet,
als sie mit Dir sprach — nimm Dich vor ihr in Acht,
Leopold, sie ist eine gefährliche Frau.“

„Ich werde auf meiner Hut sein,“ erwiederte der
Graf, indem er auf ihren Scherz einging. Doch kehrte
gleich sein gewohnter Ernst zurück, der auch die junge, leb=
hafte Frau nicht auf längere Zeit zerstreuen konnte, und er
erklärte, daß er dem Wunsche der Gräfin noch heute Folge
leisten werde, da er ja doch nicht wisse, ob die Angele=
genheit einen Aufschub dulde. Er fuhr auch wirklich ge=
gen Abend nach Gumpendorf hinaus, wo das schöne
Königsegg’sche Gartenpalast erbaut war, welcher vor
Jahresfrist als erlauchten Gast den Caren Peter von

Rußland, den die Nachwelt den Großen genannt, in sei=
nen geschmackvollen Räumen beherbergt hatte. Der jez=
zige Reichsgraf Sigismud Wilhelm, der seinem Vater
vor sechs Jahren im Titel und Besitz gefolgt war, be=
fand sich gegenwärtig als kaiserlicher Gesandter in Kop=
penhagen und hatte, wie Trautson schon auf der Heim=
kehr von der Jagd mit dem König Joseph besprochen
hatte, der Stiefmutter, welche ihren Gemahl überlebt,
das Gartenpalais in Gumpendorf zum Wohnsitze über=
lassen. Er selbst, schon seit eilf Jahren mit Josephine
Gräfin Solms Lich vermählt, war kinderlos, und seine
Brüder und Schwestern, wenn auch nicht zehn, wie König
Joseph vermeinte, hatten theils im geistlichen Stande,
theils im Heere oder in guten Heirathen ihrem vorneh=
men Range gemäß eine gesicherte Zukunft. Nur eine
einzige Comtesse war noch unvermählt, Maria Elisabeth,
diese befand sich aber bei ihrer ältern Schwester Anna
Sophia, der Gemahlin des Grafen Prosper Ferdinand
von Fürstenberg=Stülingen. So lebte denn die Witwe
des Reichs=Vicekanzlers ganz allein zu Wien.

Graf Trautson wurde gemeldet und angenommen.
In dem Zimmer, in welches man ihn führte, empfing
ihn eine kleine, etwas verwachsene Dame, deren stark
von Kupfer geröthetes Gesicht über ihr Alter in Zweifel
ließ. Sie beschied den Grafen, welcher sie mit unge=

zwungener Gewandtheit bei seinem Namen begrüßte, daß
die Frau Gräfin noch bei der Toilette beschäftigt sei, aber
sehr bald erscheinen werde, und lud ihn ein, Platz zu
nehmen.

„Sie sind mir kein Fremder, Herr Oberkämme-
rer," sagte sie, als Beide sich gegenüber saßen. „Wenn
auch meine Person Ihnen unbekannt ist, so schmeichle ich
mir doch, daß mein Name Riedau Ihnen nicht fremd
sein wird."

„Riedau?" wiederholte der Graf überrascht. „Sie
sind mit Max Riedau verwandt, gnädige Frau?"

„Ich bin seine Schwester," bestätigte sie, und der
Graf hätte bemerken können, daß ihre Röthe sich noch
etwas verdunkelte und um ihren Mund ein beleidigter
Zug in zwei scharfen Linien sich einschnitt.

Ehe er jedoch Zeit hatte, diese Bemerkungen anzustellen, wurde die Thüre, welcher er den Rücken zuge-
kehrt hatte, geräuschvoll geöffnet und die Gräfin trat ein.
Er erhob sich rasch, sie zu begrüßen. Seine Frau hatte
Recht: die Witwe, obgleich sie wohl schon nah an den
Vierzigern sein mochte, war noch immer eine schöne Erscheinung. Klein von Gestalt, nichts weniger als impo-
nirend, besaß sie in der Anmuth ihrer Formen und der
schwebenden Leichtigkeit ihrer Bewegungen doch ein Recht
auf vorzugsweise Beachtung, selbst in Gesellschaft jünge-

rer und blendender Frauen; ihr Gesicht, wie ihr Hals
und Nacken war von einem warmen südlichen Teint; die
Lippen des auffallend kleinen Mundes hatten noch die
volle Frische der Jugend, und wenn sie lächelte — was sie
gar verführerisch kleidete — zeigte sich eine Doppelreihe der
schönsten Zähne. Vor Allem aber war es das unge=
schwächte Feuer ihrer schwarzen italienischen Augen, wel=
ches, niemals brennend oder verletzend, sondern in mun=
tern schalkhaften Blitzen, wie in tieferm Gefühle immer
bezaubernd diese Frau noch gefährlich machen konnte.

Sie redete den Grafen italienisch an. Am Kaiser=
Hofe zu Wien war die Umgangssprache der vornehmen
Welt noch immer die italienische oder die spanische. „Ha=
ben Sie Dank, Graf Leopold," sagte sie mit freundlichem
Lächeln, indem sie ihm ihre kleine Hand zum Kuße bot,
„daß Sie meine Bitte sobald erfüllt haben. Fräulein
Anna, der Graf kommt von der Jagd, er wird der Er=
quickung bedürfen." —

Das Fräulein stand schweigend auf und entfernte
sich. Trautson war etwas betreten, daß er sie gnädige
Frau genannt, in einem flüchtigen Momente sie sogar
für die Mutter des Fähnrichs von Riedau gehalten hatte.

„Ich will Ihnen mein Anliegen nicht lange vorent=
halten," sprach die Gräfin, sobald sich die Thüre hinter
dem Fräulein geschlossen hatte. „Es betrifft den Bruder

dieses armen Mädchens. Sie kennen ihn, Sie haben ihn vorgestern im Hause der Marschallin gesehen. Ich brauchte ihn als meinen Ambassadeur bei dem stolzen Oberst=Kämmerer Seiner römisch=königlichen Majestät, der eine demüthige Witwe gar nicht mehr wieder kennen wollte."

„Wie kann Madonna mich so beschämen, weil ich nicht ahnte, daß Sie sich des unbedeutenden Studiosus noch erinnern würden, der zuweilen das Glück gehabt, durch seinen Freund Karl Fidelis bei Ihnen eingeführt zu sein."

„Eine gegenseitige Bescheidenheit also! Gebeichtet und absolvirt, nicht wahr? Wohlan, wir wollen hinfort nicht mehr in gleicher Weise sündigen. Ich nehme an, daß Sie mich, die sich ganz von der Welt zurückgezogen hat, nicht verläugnen, wenn ich einmal wieder, wie ein Nachtfalter am hellen Kerzenlicht flattern muß, und S i e glauben mir, daß ich ein Gedächtniß für diejenigen bewahre, die ich einst liebgewonnen habe. O das können Sie schon von einer Frau meines Alters hören, es klingt recht mütterlich, èh?" Diesen unnahmlichen Laut der Italiener, den sie in hundert Wandlungen des Tons und Ausdrucks den verschiedenen Situationen anzupassen wissen, hatte die Gräfin Königsegg mit seltener Virtuosität in ihrer Gewalt, und Trautson, den ihre Rede zu einem

weltmännischen Widerspruch gegen ihr Alter herauszufor=
dern schien, gerieth dadurch in einige Verlegenheit. Ehe
er jedoch eine, vielleicht linkische Antwort geben konnte,
fuhr die Dame harmlos fort: „Ich wollte zu Ihnen aber
nicht von meinen Jahren sprechen, mit denen ich mich, so
gut es geht, abfinden muß, sondern von dem tapfern
Maximilian Riebau. Er ist Ihnen bekannt, wie er mir
gesagt hat. Irre ich mich nicht, durch meinen Sohn!"
Sie betonte das Wort in pathetischer Weise.

„Er ist mir durch Karl Fibelis, meinen Freund,
bekannt geworden, von dem er mir einen Brief aus Un=
garn brachte."

„Also schon eine Ambassade an Sie! Darin scheint
der schöne Reitersmann mehr Glück zu haben, als im
Soldatenleben, denn er hat es noch immer nicht weiter
gebracht, als zum Fähnrich. Nehmen Sie sich seiner an,
Graf Leopold — das ist eben meine Bitte an Sie. Ich
will ihn Euer Excellenz in bester Form feierlichst empfoh=
len haben."

„Sie geben mir einen Titel, der mir nicht zukommt,"
erwiederte Trautson lächelnd. „Ich nehme aber die Ecce=
lenza im freigebigen Sinne Ihrer hesperischen Heimath,
welche damit nicht karg ist. Was kann ich aber thun für
den jungen Offizier?"

„Sie, der erste Kämmerer des römischen Königs,

des ritterlichen Joseph, der sich auf das Lebhafteste für
das Militair interessirt? Sie fragen, was Sie für einen
mit Unrecht zurückgesetzten jungen Offizier thun können?
Ein Wort von Ihnen genügt, um sein Glück zu machen.
Der König wird aufmerksam auf den Armen, er sagt bei
nächster Gelegenheit zum Regiments-Inhaber: „Lieber
Feldmarschall, Graf Herbville, in Ihrem Dragoner-
Regiment steht ein Fähnrich Riedau, der wohl eine Be=
förderung verdient," und damit ist für ihn gesorgt. Wol=
len Sie aber Ihrer Güte die Krone aufsetzen, so veran=
lassen Sie zugleich, daß er zum Regiment Savoyen=
Dragoner versetzt wird; es ist sein heißester Wunsch, in
dem eigenen Regimente seines heißgeliebten Feldherrn —
unsers Prinzen Eugenio! — zu dienen. Sie sehen, ich
bin noch eine glühende Savoyardin!"

Der Graf verneigte sich. „Gewiß nehme ich den
größten Antheil an dem Schicksale des Herrn Riedau —
nur kann ich selbst gar nicht beurtheilen, wie weit ihm
Unrecht geschehen ist und ob er in so hohem Maße, als
ich gern wünsche, eine Bevorzugung verdient." —

Diese Gewissenhaftigkeit mochte der Gräfin etwas
pedantisch vorkommen, sie lächelte fein und erwiederte:
„Freilich! Wir können das nicht wissen. Doch gebe ich
etwas auf das Urtheil meines Sohnes Karl, der den
jungen Mann ja auch, wenn ich recht gehört habe, Ihnen

empfohlen hat; er muß also doch dessen nicht unwürdig
sein. Auch trägt er ein Zeichen, daß er die Gefahr nicht
gescheut hat, auf der Stirn — Sie haben die feine Linie
doch bemerkt? Seltsam genug ist sie nicht roth, son=
dern von einem tiefen Blau, das nimmer vergeht, weil
die Wunde von einem vergifteten Pfeil herrühren soll.
Sie steht ihm gut, nicht wahr? M e i n Interesse an ihm
bedarf aber auch noch der Erklärung, Graf Leopold, da=
mit Sie mich nicht verkennen. Sie haben das kleine,
unglückliche Wesen gesehen, das Sie auf meine Ver=
anlassung empfangen hat? Können Sie es für mög=
lich halten, daß sie die Schwester des schönen Max ist?
Nicht etwa eine Stiefschwester, sondern die echte, wahre
Schwester von denselben Eltern, die obenein gar nicht viel
älter ist, als er. Ich habe das verlassene Mädchen zu mir
genommen und bin dadurch mit ihren Verhältnissen, auch
mit ihrem Bruder, bekannt geworden. Sie scheint übri=
gens meinen Wink nicht verstanden zu haben, denn sie
läßt Sie unbillig lange nach einer Erfrischung schmachten.“
Mit einiger Ungeduld, welche plötzlich in ihrem Gesichte
aufging, schellte sie, und sogleich erschien ein Diener, wel=
cher auf silbernem Teller Wein, Backwerk und Früchte
auftrug. Er schien im Vorzimmer nur auf die Glocke
gewartet zu haben. Das Fräulein selbst kam nicht wieder
zum Vorschein.

Die Gräfin lud ihren Gast mit Anmuth ein, sich zu bedienen, nippte auch selbst von einem Glase Wein, das sie stark mit Wasser gemischt hatte, und kam, nachdem der Diener wieder entfernt war, auf ihren Gegenstand zurück.

„Der Vater der beiden Geschwister ist, wie Sie vielleicht wissen, ein tapferer Offizier gewesen, der auch verhältnißmäßig für seine Kinder hätte sorgen können. Hat Ihnen Max erzählt, auf welche Weise er um sein geringes Vermögen, das er durch Kriegsbeute und Erspar= niß gewonnen hat, gebracht worden ist?"

Der Graf verneinte es. — „Mir auch nicht!" fuhr die Gräfin fort. „Ich weiß es aber durch seine Schwester, welche ihrem Herzen darüber mehr als einmal Luft ge= macht hat. Ein gewisser Cronberg soll die Schuld tragen, der mit dem alten Riedau in demselben Regimente gedient hat und sehr befreundet gewesen ist. Wie das geschehen ist, habe ich, ehrlich gestanden, nicht recht begriffen oder wieder vergessen — wozu konnte es auch helfen, da die Thatsache genügt und das Vermögen dahin ist. So war denn, als Riedau im Kriege gefallen war, für den Max wohl gesorgt, der sich mit seinem Degen und seiner Per= sönlichkeit schon durchhelfen wird — auch wenn gewisse all= zustreng auf eigenes Urtheil haltende Granden des Reichs sich seiner nicht annehmen wollen!" setzte sie mit schalk= hafter und gutmüthiger Neckerei hinzu. „Aber seiner

Schwester blieb nur das Kloster als letzte Zuflucht — da
war es grade, daß ich ein junges Mädchen für meine
häuslichen Angelegenheiten suchte und die Fürstin Thurn
mir die arme Niebau vorschlug. Im ersten Augenblick,
als sie sich mir vorstellte, gestehe ich offen, daß ich ein
unangenehmes Gefühl bei ihrer Häßlichkeit nicht recht bezwingen konnte und kindisch genug war, es für eine war-
nende Stimme zu halten, indessen schämte ich mich bald
der Schwachheit, das Mitleid trug in mir den Sieg davon, und ich habe noch keinen Anlaß gehabt, meine Wahl
zu bereuen. Anna ist fügsam und klug und — wird mir
sobald nicht durch einen Freier entführt werden, so daß
ich bis an mein Lebensende nicht mehr zu wechseln brauche.
Da haben Sie meine ganze Geschichte, und nun seien Sie
menschlich und sprechen ein Wort an geeigneter Statt für
den Bruder des armen Mädchens."

„Das habe ich schon gethan," erwiederte der Graf,
und erzählte die Begegnung des römischen Königs mit
dem jungen Offizier, und daß der Letztere auf ihn einen
sehr vortheilhaften Eindruck gemacht habe.

„Bravo!" rief die Gräfin und schlug in die Hände.
„Der erste Schritt ist geschehen. Sorgen Sie für den
zweiten."

Das Gespräch kam nun auf allgemeinere Verhältnisse, die Assemblee bei der Gräfin Rabutin, wo Beide

kürzlich zusammen getroffen waren, gab dazu den Stoff
her. Die Gräfin sprach mit besonderer Freundlichkeit von
Trautson's Gemahlin, der sie sich, als er jetzt Abschied
nahm, angelegentlich empfehlen ließ, und ganz zuletzt legte
sie ihm noch einmal ihren Schützling an das Herz.
Er versprach, für ihn zu thun, was in seinen Kräften
stehe.

Drittes Capitel.

Eine Bürgerfamilie.

Ein heiterer Morgen war über der Kaiserstadt auf=
gegangen. Die Sonne stand schon ziemlich hoch, und noch
immer blieb es still auf den Straßen und Plätzen, selbst
in den engen und starkbevölkerten Gassen der alten Stadt=
theile gegen die Donau hin, wo das Handwerk sein rü=
stiges Wesen treibt und fast mit dem ersten Hahnenschrei
Leben und Arbeit erwacht. Um so weniger konnte sich in
den andern Vierteln um die Burg und wo die Vornehmen
des Landes sich Paläste erbaut hatten, oder auch nur da,
wo begüterte Kaufherren wohnten, schon das laute Treiben regen. Eine feierliche Stille waltete überall, denn es
war Sonntag, der Tag des Herrn.

Der Sanct Annen-Kirche gegenüber, in der Gasse, welche von ihr den Namen hat, stand ein schmales Haus, dem trotz seiner beschränkten Front die hellen Fenster, die reinlich getünchte Mauer und die künstlich ausgeschnitzte Thüre ein wohlhäbiges und wohnliches Ansehen gaben. Aus diesem Hause trat zu früher Morgenstunde ein junger Mann im bürgerlichen Kleide und sah zum Kreuz der Kirche empor, dann über den ganzen Himmelsstreifen entlang, der klar über der Straße lag — offenbar schaute er nach dem Wetter aus. Im Erdgeschoß öffnete sich, als er eben in das Haus zurückkehren wollte, ein Fenster.

„Wird sich's gut halten?" fragte eine Stimme, deren tiefer gesättigter Klang verrieth, daß sie einem wohlgenährten Manne angehörte. Auch erschien im Fenster ein dickes, freundliches Gesicht, das den ganzen Rahmen ausfüllte.

Der junge Mann gab eine zuversichtlich bejahende Antwort.

„Schaust mir wieder recht blaß aus, Franzl," sagte der Dicke im Fenster. „Sitzest mir zu viel — das geht nicht."

„Sitzen! Warum nicht gar!" ließ sich hinter ihm eine weibliche Stimme vernehmen, und ein Frauenkopf mit der Haube wurde über der Schulter des Alten sichtbar. „Sitzest Du nicht mehr wie der Franz? Und Dir

bekommt es doch leiblich. Wenn man Dich ansieht, wie
soll man glauben, daß Einer vom Sitzen blaß werden
kann! — Komm nur herein, Franz, komm herein. Das
Frühstück ist fertig — hernach kannst Du nach der Flie=
genschützen gehen.“

„Hat die Frau Mutter das Fräulein schon ge=
weckt?“ fragte Franz.

„Werd’ ich sie wecken? Dumme Frage! Das liebe
Kind soll seine Ruhe haben, kann schlafen, so lange es
will,“ versetzte die Mutter und kam jetzt, nachdem ihr
der Vater am Fenster Platz gemacht hatte, mit ihrer run=
den, etwas auffallend herausgeputzten Gestalt zum Vor=
schein, die dem Gatten an Fülle nichts nachgab. Der
Sohn ging langsam in das Haus und trat in die Wohn=
stube, wo die Eltern sich eben zu der dampfenden Schüssel
mit der Morgensuppe setzten; er nahm still bei ihnen
Platz.

„Wecken!“ griff die Mutter ihre abgebrochene Rede
wieder auf. „Ich soll das Fräulein wecken! Du sprichst
auch, wie Du es verstehest!“ Ein Seitenblick auf ihren
gemächlich löffelnden Mann sollte diesen belehren, wer hier
nebenbei gemeint sei, dieser gab aber darauf nicht Acht.—
„Wir müssen das Fräulein halten wie unser Augapfel,“
fuhr die Mutter fort. „Das ist unsere Schuldigkeit. Was
würde der Herr Vater sagen, wenn er aus dem Kriege

zurückkäme und hörte, daß wir sein Töchterlein nicht ge=
halten hätten, wie es ihrem Stande zukommt? Würde
er nicht sagen: Frau Riebl, ich hätte ein besseres Zu=
trauen gehabt, nachdem ich drei Jahre in Ihrem Hause
gewohnt habe. Ich hab' gemeint, mein Kind, das keinen
Menschen mehr hat, zu dem ich es austhun könnte, in
keine bessern Hände zu geben, als in die Ihrigen, wenn
ich's lasse, wo's einmal eingewohnt ist, und nun finde ich
es so wieder."

„Es ist ihr ja nichts abgegangen," wandte der
Gatte gutmüthig ein, als sie eine Pause zum Athemholen
machte.

„Willst wieder mitsprechen?" versetzte sie. „Ab=
gegangen! Wenn's nach Dir gegangen wäre, so hätte sie
sich abgehetzt, wie eine Stallmagd. Ich hab's aber nicht
gelitten, daß sie mit anfaßte und überall helfen wollte im
Haus und Keller, wo es Etwas zu schaffen gab. Dir
wär's grad' recht gewesen. Brumme nicht! Ich weiß
schon, Du willst immer klüger sein. Bei Deinen Geschäf=
ten und Rechnungen, bei Deinen Contobüchern und Wech=
seln magst Du Deine Sache verstehen, wenn auch Andere
im Handel mehr vor sich bringen, Du bist nicht rührig
genug, liebst Deine Bequemlichkeit. Aber in meine Ge=
schäfte sollst Du mir nicht einsprechen. Und wenn das
Fräulein schlafen will, bis die Sonne im Mittag steht—"

„Das geschieht nicht!" klang es lachend hinter ihr,
und ein junges, frisches Mädchengesicht schaute in die
Thüre. „Frau Riedl weiß, daß ich alle Tage frühzeitig
aufstehe, wenn ich auch nicht gleich herunter komme. Guten Morgen Alle!"

Der Vater machte eine Bewegung zum Aufstehen
und rückte an seinem Käppchen, die Mutter beeilte sich,
dem Fräulein schnell einen Sessel zu bringen und sie zum
Frühstück, das gemeinsam genommen wurde, einzuladen.

„Wo ist denn der Franz?" fragte das Fräulein,
und sah sich nach ihm um. Er hatte sich bei ihrem Eintritt erhoben und war ganz vom Tische zurückgetreten.

„Setzt Euch doch zu mir, Franz; ich werde Euch
ja nicht verdrängen?" Mit einer halblauten Antwort,
die ein Scherz sein sollte, gehorchte Franz ihrer Auffor-
derung, und die Mutter, welche mit ihren überall umher-
blitzenden Augen bemerkte, daß er die Farbe wechselte,
zog die Lippen ein, als unterdrücke sie gewaltsam, was
sie jetzt doch nicht sagen konnte. Waren ihre Blicke auf
den Sohn nicht eben liebreich, so betrachtete der Vater
das junge Paar, als es so neben einander Löffel um
Löffel zum Munde führte, mit desto größerem Wohlgefallen. Kamen ihm Gedanken, daß Beide wohl für einander
passen könnten, und vergaß er, was trennend zwischen
ihnen stand? Aeußerlich schien freilich aller Vortheil auf

Seiten des jungen Mädchens zu sein: sie war hoch und
schlank gewachsen, und trug ihr braunes Lockenköpfchen
mit dem wunderlieblichen Gesicht so stolz, wie nur eine
der vornehmsten Damen am Hofe thun konnte; es war
jedoch nicht Stolz, der es aufrecht hielt, sondern die freie
Heiterkeit ihrer Seele, welche aus den braunen, muntren
Augen blickte, denn sie konnte auch so bemüthig sein, so
fromm! Das war nun der Franz auch und war es immer, aber er war nicht schön; wenn er auch in die Höhe
geschossen war, wie eine Tanne, und gar liebe Augen
hatte, wie der Vater meinte, so mußte er doch gestehen,
daß er in letzter Zeit sich sehr verändert hatte. Sein Gesicht war länger geworden und blaß, und er ging nicht
mehr so grad' und straff, wie sonst. Da wollte die
Mutter noch läugnen, daß er zuviel über den Büchern
sitze! Indessen, wenn sich die Herzen fanden, was hatte
das Aussehen damit zu schaffen? War er, Herr Johann
Anton Riebl, in jungen Jahren doch ein sehr stattlicher
Mann gewesen, und seine damalige Braut, Jungfrau Sabine Klannerin, keineswegs schön, wie sie es auch später
im vergnüglichen Ehestande nicht geworden — und Beide
waren doch zusammen gekommen, er wenigstens wußte
nicht wie! —-

„Nun, Franz, geh' nach dem Wägerl," sagte die
Mutter, welche ungeduldig zu werden schien. „Und bringe

uns ein recht bequemes; sieh' auch zu, daß wir Schutz
haben, wenn's etwa wieder regnen sollte! Fräulein Cajetana wird wohl schon warten, daß wir fahren. Der
Morgen ist gar so schön."

„O nein, Frau Riedl, ich habe gar keine Eil —
bin auch, seht Ihr, noch nicht zum Fahren fertig. Der
Franz hat ja kaum angefangen, etwas zu genießen; gönnt
ihm doch Zeit."

Aber Franz war, dem zweiten und jetzt gebieteri-
schen Winke der Mutter folgend, schon aufgestanden und
ging, den Wagen zu bestellen, welcher die Familie nach
ihrer ländlichen Besitzung außerhalb der Stadt bringen
sollte. Gleich darauf verschwand auch Fräulein Cajetana
wieder, um sich auf ihrem Stübchen zur Fahrt fertig zu
machen, und das Ehepaar blieb allein. Herr Riedl hatte
schon an den hurtig zu ihm herüberstreifenden Blicken
seiner Gattin gesehen, daß Etwas für ihn im Anzuge sei,
und als das Fräulein kaum die Schwelle überschritten
hatte, brach es auch schon los. Er setzte sich geduldig
zurecht, um dem Unwetter, dem er doch nicht ausweichen
konnte, Stand zu halten.

„Wenn Du denkst, daß ich blind bin, so irrst Du
Dich," begann sie, „und wenn Du meinst, ich könne
Deine Gedanken niemals errathen, so hältst Du mich für
so einfältig, wie von uns Beiden ich nicht bin. Hast Du

denn gar keinen Verstand mehr? Beantworte mir die eine einzigste Frage!"

„Aber, liebtrautes Binerl —"

„Nenne mich nicht immer so — oder ich werde noch böser! Bienen stechen. Der Franz wird alle Tag' elen=der — Du meinst, es ist vom Sitzen und weil er sich mit Deinen Ziffern und Posten den Kopf zerbricht — ich weiß es besser, was ihm fehlt. Und Du schaust drein, wenn Beide zusammen sitzen, als hätten wir nur nöthig, hinüber in die Kirche zu gehen und den hochwürdigen Herrn zu bitten, daß er sie zusammen gibt!"

Der Gatte machte große Augen. „Was sagst Du, Binerl? Mutter, wollt' ich sagen — Du glaubst, Mutter, daß der Franzl —"

„Sich abhärmt, weil er das Fräulein zu viel an=geschaut hat, das glaub' ich nicht blos, das weiß ich. Er ist wenigstens so klug, daß er einsieht, es ist nicht gescheit von ihm, sich dumme Gedanken zu machen — Du aber, Mann, Du denkst, es könnte sich doch am Ende schicken. Sag' mir, wie kannst Du das glauben? Sag' mir, ich bitt' Dich, wie bist darauf gekommen?"

„Wie ich darauf gekommen bin, Mutter —"

„Willst schon wieder streiten! Ich kann kein Wort mehr sagen, so fällst Du mir in die Rede! Die Sache muß ein End' nehmen. Der Junge geht uns zu Grunde oder er macht eine Dummheit und läßt es dem Fräulein merken. Sie macht sich nichts aus ihm — sie wird ihn auslachen, und wir haben die Schande, daß sie glaubt, wir wären auch dabei und wollten ihr unsern Franz aufdringen, den Franz Christoph Riedl, Comptorschreiber, dem gnädigen Fräulein Cajetana von Cronberg. Es wäre eine schöne Vergeltung für das Vertrauen, das ihr Herr Vater in uns gesetzt hat."

„Und wenn sie auch möchte und ihr Vater gäbe es zu — so wäre sie Dir doch nicht recht!" wagte der Gatte zu erwiedern.

„Warum?" rief die Frau. „Weil sie arm ist? O Du bist der kluge Mann, der Kaufherr, der rechnen kann und den Wind blasen hört, von wo er auch kommen mag! Hier weißt Du aber nichts. Ich könnte Dir andere Dinge erzählen, als daß sie arm ist. Aber das ist meine Sache und Du hast Dich nicht weiter darum zu kümmern. Der Franz muß aus dem Hause. Du hast Geschäfte ab= zumachen draußen im Reich bis Straßburg und Frank= furt hin, das kann der Franz besorgen; eine Reise wird ihm sehr nützlich sein, er bekommt andere Menschen zu sehen und schlägt sich die dummen Gedanken aus dem Kopf. Du kannst es ihm heut' in Meidling sagen, wenn ich mit dem Fräulein den alten Diener ihres Vaters auf=

suche. Hörst Du also? Der Franz macht die Reise, und
lieber morgen, als übermorgen!"

Hier war ein offenbarer Eingriff in die Geschäfts=
führung des Hauses Riebl, welchen sich die Frau bis jetzt
noch nicht erlaubt hatte. Der Chef der Firma glaubte ihr
etwas zu vergeben, wenn er ihn, als den ersten, duldete,
weil er fest überzeugt sein konnte, daß ihm dann bald
mehrere folgen würden. Er wies ihn daher mit Sanft=
muth zurück, indem er behauptete, daß Franz dem Ge=
schäft, das einen erfahrenen Handlungsbeflissenen ver=
lange, nicht gewachsen sei, und ließ den Sturm, welcher
bei seinem noch nie erhörten Widerspruch gegen den klar
ausgedrückten Willen der Frau ausbrach, über sich er=
gehen. Frau Riebel hatte dabei das Eigenthümliche, daß
sie dabei nie laut oder heftig war, so daß der Sturm
ihres Unmuths keinem brausenden Orkan, sondern eher
einem feinen, empfindlich treffenden Schneegestöber bei
scharfem Frost und Nordwinde glich, wo die kleinen Pfeil=
spitzen der krystallisirten Flöckchen schmerzhaft Auge und
Antlitz verletzen. Sie lächelte sogar zuweilen dabei, man
konnte nicht recht unterscheiden, aus welchem Borne dies
Lächeln entsprang. So hörte denn das Fräulein von
Cronberg, als sie sich der Thüre näherte, kein Wort von
der ehelichen Meinungsverschiedenheit, welche sich im In=
nern des Zimmers äußerte, noch minder hatte sie eine

Ahnung, daß sich ihretwegen eine solche entspinnen könne. Sie trat so harmlos und heiter ein, daß es dem geduldigen Manne war, als gehe mit ihr ein heller, freudiger Glanz auf, vor dem aller Unfriede verstummen müsse. Frau Riedel schnitt auch gleich ihre Rede kurz ab, und wandte sich zu ihrer Pflegbefohlenen, welche sie in der That hielt, wie ein Wesen höherer Art.

„Ei, wie allerliebst Ihnen das Kopfzeug steht!" sagte sie, in die Hände schlagend. „Das habe ich ja noch gar nicht gesehen! Wohl französische Mode? Die sind doch viel schöner, als die steifen spanischen Hütlein oder die schweren Hauben, wie man sie in der Messe in den Betstühlen der vornehmen Herrschaften sieht! Wo haben Sie das gekauft, Fräulein Cajetana? Auf dem Graben gewiß!"

„Nein, gute Frau Riedl, das habe ich mir selbst gemacht," erwiederte Cajetana mit unschuldigem Gefallen an ihrem Werk. „Ob's französische Mode ist, weiß ich nicht — es gefiel mir aber bei der Praterfahrt an den jungen Gräfinnen Trautmannsdorff, die Ihr mir nanntet, und so hab' ich's nachgeahmt, wie ich's eben im Gedächtniß behalten habe. Zu kaufen hab' ich kein Geld mehr!" setzte sie lächelnd hinzu. „Ich muß sparen, bis mein Herr Vater wieder etwas schicken kann."

„O reden Sie mir doch nicht so!" rief Frau Riedl.
„Das muß ich ja übel nehmen! Wenn der Herr Vater
auch nichts schickt, so dürfen Sie ja nur sagen, was Sie
wünschen, und wenn's Tausend Gulden sind, zwei, drei
Tausend, wir schaffen's. Nicht wahr, Vater? Aber da
kommt der Franz mit dem Wagen, und Du sitzest noch
ganz in Deiner Ruh'! Wir kommen auch gleich, Fräu=
lein Cajetana. Steigen's nur immer auf und nehmen
einen bequemen Platz. Der Franz wird Ihnen schon
helfen."

Die Wagen, welche vor hundert und sechszig Jah=
ren zu Wien von den Mittelklassen zu Landpartieen ge=
miethet wurden, waren allerdings von sehr bescheidenem
Ansehen. Ein einfaches Gestell mit einigen Sitzbänken,
welche nur als besonderer Luxus in Riemen hingen, ge=
wöhnlich aber festgenietet waren, hatte zum Schirm gegen
die Sonne oder leichte Regenschauer ein Dach von Rohr=
geflecht, von welchem zuweilen auch noch Seitenschirme
niedergelassen werden konnten. Ob sie vorzugsweise gegen
die Fliegen schützten, wie ihr Name verhieß, blieb zweifel=
haft, aber nach ihnen wurden diese ersten Miethswagen,
welche ihren Stand am Rothen=Thurme hatten, Fliegen=
schützen genannt. Mit einem solchen war Franz Riedl
vorgefahren und half Cajetana aufsteigen. Sie scherzte
so unbefangen mit ihm — und seine Hand zitterte, als er
die ihrige berührte.

Bald kam auch das Ehepaar im Sonntagsstaat nach, und der Wagen rollte links um die Ecke biegend zum Kärnthner Thore hinaus, um durch die Hundsthurm-„Lucke", so genannt von dem Bau, den Kaiser Mathias vor damals achtzig Jahren für seine Rüden und Hatz=hunde errichtet hatte, in das Freie zu gelangen. Unter heiterem Gespräch, das Cajetana belebte, kam die Familie in dem Dorfe an, wo sich auch Herr Riedl, wie viele begüterte Wiener zu thun anfingen, ein kleines Grundstück gekauft und darauf ein niedliches Häuschen als Sommer=lust erbaut hatte. Seine Frau war nicht wenig stolz, auch ein ländliches Besitzthum, wie die Großen und Vorneh=men in allen Vorstädten Wiens sich erwarben, in Meid=ling zu haben, wenn es auch von bescheidenerem Ansehen war und im Grunde wegen der Geschäfte des Kaufherrn wenig benutzt wurde.

Meidling war in jener Zeit noch nicht das weit aus=gedehnte, mit geschmackvollen und freundlichen Landhäu=sern reicher Wiener bis zu den Gärten des kaiserlichen Lustschlosses Schönbrunn sich erstreckende Dorf; es fing jedoch schon an nach der Verwüstung durch die Türken aufzublühen und sich mit einzelnen hübschen Gebäuden zu schmücken, welche unter den ärmlichen und ängstlich an einander gedrängten Hütten um so stattlicher hervortra=ten. Vor einem derselben hielt das Fuhrwerk und Franz,

der unterwegs in der glücklichsten Stimmung mitgeplau=
dert und gescherzt hatte, sprang herab, um Cajetana und
den Eltern bei dem sehr beschwerlichen Aussteigen zu hel=
fen. Der Hausmann, wie Frau Riedl den Bauer, der
ihr kleines Grundstück bewirthschaftete, vornehm genannt
hatte (bis zum Hausmeister wagte sie sich doch nicht ver=
steigen!), war durch die Ankunft seiner „Herrschaft" über=
rascht; es gab einiges Schreien und Laufen, bald aber
war doch das Stübchen gelüftet und in Ordnung, wo nun
vorerst auf die ermüdende Fahrt im unbequemen Wagen
Ruhe und Erquickung gesucht wurde. Nur Cajetana
mußte sehen, was sich seit der letzten Anwesenheit im
Garten verändert hatte, ob das Obst gewachsen war und
die Nelken blühten. Sie lehnte die Begleitung der Frau
Riedl ab und Franz hatte den Muth nicht, ihr die seinige
anzubieten. So blieb die Familie allein zurück. Caje=
tana benutzte aber die Gelegenheit nur, um ungestört eine
andere Freude, auf welche sie längst gehofft hatte, zu ge=
nießen.

„Wo wohnt der fremde Mann, der mit seiner Toch=
ter vor etwa vier Wochen im Dorf eingezogen ist?"
fragte sie die Magd, welche sie im Hofe traf. Die Magd
starrte sie an und verstand wohl ihre Frage nicht. Der
Bauer wurde gerufen; auch der sah das Fräulein, das
nach solchem Volk fragen konnte, mit Verwunderung an,

doch gab er ihr Bescheid und schickte seinen kleinen Buben
mit, ihr den Weg zu zeigen.

„Sagt der Frau, daß ich einen Spaziergang ge=
macht habe," trug Cajetana dem Bauer auf, der aber
berichtete treulich, wohin sie gewandert sei, und setzte hin=
zu: „Wenn dem gnädigen Fräulein nur dort nichts
Schlimmes geschieht, es sind gefährliche Leute." Franz
stand sogleich unruhig auf, als wolle er ihr nacheilen,
aber die Mutter warf ihm einen streng verweisenden Blick
zu und sagte zu ihrem Hausmann: „Es ist schon gut.
Das Fräulein hat nichts zu befürchten. — Wovon leben
denn die Leut' hier? Haben sie sich auf Arbeit verdungen?
Warum nennst Du sie gefährliche Leute? Ihr gutes
Bauernvolk nennt Jeden so, den Ihr nicht kennt, und
uns Wiener am Ende auch, weil wir uns hier ansiedeln."

Der Bauer machte ein verlegenes Gesicht und
mußte über die letzte vornehm hingeworfene Rede lachen.
„Arbeiten?" sagte er dann. „O Gott bewahre! Der
wollte arbeiten! Er ist hergezogen, kein Mensch weiß,
von wo; er hat die Erlaubniß gekriegt, sich das letzte
Häusel draußen am Hag wieder herzurichten, das wüst
lag und Keinem gehörte, weil der Feldhüter vordem drin
gewohnt hat, ehe der Türke kam — jetzt haben wir keinen
mehr. Er hat sich erboten, unser Feldhüter zu sein, aber
wir werden doch keinen hergelaufenen Kerl dazu nehmen

und brauchen auch keinen mehr, denn das Wild ist ein=
gehegt im Thiergarten. Da sitzt er nun mit seiner
braunen Dirne und wir haben uns wohl Zigeunervolk auf
den Hals geladen. Er sagt freilich, daß er ein alter, ab=
gedankter Soldat ist, aber wer glaubt's."

Offenbar hatte der Mann noch mehr zu erzählen,
aber er ging nicht mit der Sprache heraus, wie sehr ihn
auch Frau Riebl dazu aufforderte. „Ein alter, abge=
dankter Soldat ist der Mann!" sagte sie endlich. „Wenn
Deine Herrschaft Dir das sagt, so kannst Du's glauben,
so ist gar keine weitere Red'! Würde ich das Fräulein
hingehen lassen, wenn ich es nicht sicher wüßte? Was sie
dort will, geht Dich nichts an. Aber weil ihr Bauern=
volk gern ungeschlachte, unnütze Reden führt, so will ich
Dir's sagen. Der alte Soldat ist Reiter gewesen bei
ihres Herrn Vaters Compagnie und hat auch in desselben
eigenen Diensten gestanden. Merkst nun, warum das
Fräulein hingegangen ist? Sie will nachsehen, wie 's
ihm geht, und ihm eine Freude machen. Gefährliche Leute
sind die Soldaten freilich für Euch Bauern —" hier
lachte sie über ihren Witz, daß ihr die Augen ver=
schwanden.

Der Hausmann schwieg; er hatte deshalb seine
Meinung doch nicht geändert nnd mochte auch vielleicht
seine guten Gründe dazu haben. „Nachgehen muß ich

übrigens," wandte sich Frau Riebl zu ihrem Manne.
„Du kannst unterdessen mit dem Franz wegen der Reise
Alles besprechen. Franz, Du wirst nach dem Reich ge=
hen — es ist besser, Du übernimmst das Geschäft. Der
Vater hat's Dir schon sagen wollen — ich will Euch jetzt
beisammen lassen, daß Ihr's in aller Ruhe besprechen
könnt." Sie hatte also ihren Willen doch durchgesetzt.

Franz war bleich geworden; die Bestürzung malte
sich in allen seinen Zügen. Dem Vater that er so leid,
als er diese Zeichen bemerkte; die Mutter aber verhärtete
sich dagegen, weil sie nur die Bestätigung ihrer frühern
Wahrnehmungen sah. Ohne seine Antwort abzuwarten,
aber mit einem determinirt auffordernden Blicke auf
ihren Mann verließ sie die Stube, um Cajetana, welche
eigentlich gegen die Verabredung gehandelt hatte, nach=
zugehen.

Cajetana war unterdessen, von dem Knaben auf
dem nächsten Richtsteige zwischen den unregelmäßigen
Gartenstücken geführt, zu der verfallenen Hütte gekom=
men, welche eine Strecke von dem letzten Gehöft des
Dorfes entfernt am Rande eines Gehölzes lag, recht wie
geschaffen für das Treiben, bei welchem Martin jüngst
von der Hirschjagd des römischen Königs überrascht wor=
den war. Von der Hütte hatten kaum noch die durchlö=
cherten Wände gestanden, als der abgedankte Soldat, für

5*

den er sich durch ein gültig Zeugniß ausgewiesen, die Erlaubniß erhalten hatte, sich darin mit seiner Tochter nie-
derzulassen; er hatte sie nothdürftig auf Soldatenmanier
ausgeflicket und sich nach und nach ein wenig Hausgeräth
angeschafft, nachdem die Leute aus dem Dorfe ihn zuerst
mitleidig mit dem Nöthigen versehen hatten. Daß er
allmälig mit einigem Gelde zum Vorschein kam, wunderte
die Bauern nicht, er war ja Soldat gewesen und hatte
gegen die Türken gedient, wo es oft Gelegenheit gab,
eine gute Beute zu machen, weil die vornehmen Türken
viel Geld und Kostbarkeiten mit in das Feld führen und
ihre Waffen immer mit Gold und Edelsteinen reich be-
setzt haben. Noch weniger fiel es ihnen auf, daß er Anfangs, wie er hergekommen war, so ganz bettelarm gethan hatte, und nun doch Geld zeigte — das war ganz
nach ihrem eigenen Sinne, sie versteckten und vergruben
ihre Gulden auch, wenn sie sich ein Sümmchen gespart
hatten. Wer braucht davon zu wissen?

Cajetana entließ den Knaben, welcher ihr den Weg
gezeigt hatte, sobald sie das kleine Haus bemerkte, und
eilte nun durch das wuchernde Unkraut, das die Schutt-
haufen, welche rings umher lagen, bedeckte, zu der nie-
drigen Thüre der Hütte, die nur mit einem einfachen
hölzernen Riegel versperrt war. Sie horchte einen Moment, Alles war still. Schon fürchtete sie, Niemand da-

heim zu treffen; als sie aber leise anklopfte, entstand
drinnen ein Geräusch, und bald darauf erschien in der
halbgeöffneten Thüre ein besorgt blickendes braunes Mäd=
chengesicht, das aber bei Cajetana's Anblick sogleich von
der freudigsten Röthe überwallt wurde.

„Sind Sie's!" rief die Ueberraschte entzückt und
wandte sich nach der Stube um, aus welcher sie kam.
„Vater! Fräulein Cajetana ist hier!" Ein lauter Aus=
ruf wurde drinnen hörbar.

„Bleiben Sie aber da, gnädiges Fräulein," bat das
Mädchen. „Ich bring' Ihnen eine Bank heraus, daß
Sie sich setzen können — da hinein dürfen Sie nicht schauen,
da sieht es zu schlecht für Sie aus. O daß ich Sie end=
lich sehe!"

„Immer laß mich hinein, Kathi," sagte Cajetana.
„Ich muß doch Deinen Vater sehen!"

„Der Vater ist krank" — erwiederte Kathi, und zö=
gernd, als wolle es ihr gar nicht vom Munde, setzte sie
hinzu: „Es ist eine alte Wunde — wie er sagt — die ihm
aufgebrochen ist —"

„O mein Gott!" rief Cajetana mitleidig. „Dann
muß ich ihn grade sehen, das thut mir so leid." Und
ohne Kathi schwaches Bemühen, ihr abzureden, zu beachten,
trat sie in das Innere der Hütte, wo ihr Auge sich erst
an das Halbdunkel, welches darin herrschte, gewöhnen

mußte, ehe sie den kranken Mann erkannte, der mit einer Decke über den Füßen, auf einem Strohlager im Winkel ruhte.

„Grüß Euch Gott, gnädiges Fräulein!" rief er ihr entgegen, und seine Stimme klang durchaus nicht matt. „Ja, so geht's einem alten Soldaten! Wenn er auch noch so frisch zu sein denkt, schlägt ihn die alte Zeit doch ein= mal hinter die Ohren, daß er sie nicht vergessen soll. Es ist weiter nichts, Fräulein. Ein alter Streifschuß am Fuß, der schlecht geheilt ist — wenn 's Wetter wechseln soll, meldet er sich zuweilen. Aber kommen's doch her — lassen's sich anschauen. Stern Kreuz! Was ist aus'm klei= nen Tani geworden! Verzeihen's, daß ich Euch noch so nenne, wie ich Euch auf dem Arm getragen habe, da Ihr noch ein ganz kleines Kind waret und die Frau Mutter selige noch lebte! Wie sind's nun groß und schön!"

„Armer Martin, daß ich Dich so finden muß und in dieser schrecklichen Höhle! Du sagtest mir doch, Ka= thi — nein, ich schelte Dich! — Du sagtest mir, Ihr hättet ein kleines Häuschen in Meidling und es ginge Euch gut!"

„Es geht uns auch gut, gnädiges Fräulein," sagte Kathi.

„Es geht uns ganz gut!" bestätigte der Alte la= chend. „Donner und Hagel, was würde man sich im

Felde oft gefreut haben, so'n schmuckes Dach über'm Kopf
zu sehen und warm zu liegen, wenn draußen der Sturm=
wind über die Haide fegt! Euer Herr Vater wird's
manchmal nicht so gut gehabt haben, als ich heute, wenn
er auch ein Herr Offizier und Rittmeister vom Regiment
Montecuccoli ist."

„Nein, das wird mein Vater nicht dulden, daß sein
treuer Diener hier liegt, und ich dulde es auch nicht!" rief
Cajetana, sich mit Schaudern in dem engen Raume um=
sehend, wo nur durch ein Paar schmale Fenster, die erst in
letzter Zeit wieder gegen das freie Einströmen der Luft
geblendet waren, ein karges Licht sich verbreitete. „Mein
Vater kommt nun bald zurück, denn es ist Friede, wie
Du wohl weißt. Aber eh' er kommt, weiß ich schon, was
ich thue —"

„Laßt nur gut sein!" unterbrach sie der Alte. „Ich
sage Euch, mir geht nichts ab — ich bin's nicht besser ge=
wöhnt; was braucht ein alter Soldat mehr, als daß er
ein eigen Haus hat. Wenn mein Fuß wieder gesund ist—
und das wird nicht lange dauern, so sind wir nicht viel
zu Haus. Ich bin unter Gottes freiem Himmel geboren
beim Albringerschen Regiment, grad' in dem Jahre, als
der Friedländer erstochen ward, das sind nun fünf und
sechzig Jahre her, aber viel unter Dach und Fach bin ich
in meinem Leben nicht gekommen. Mir geht hier nichts

ab — da steht mein' Kathi, die soll's sagen. Seht da=
hier, ich hab' ein Wein, ich hab' mein gut Essen — was
soll's mehr!"

„Aber eine andere Wohnung mußt Du haben!"
sagte Cajetana mit großer Entschiedenheit. „Ich werde
schon dafür sorgen. Wenn mein Vater kommt, wird er
mir's danken. Die Kathi hat mir schon erzählt, wie es
Euch ergangen ist, seit Du Deine eigene Wirthschaft ein=
gerichtet hast; das ist sehr traurig, aber es soll nun schon
besser werden, guter Martin, und Deine Kathi, wenn Du
sie nicht mehr brauchst, die nehme ich zu mir!"

Kathi ergriff ihre Hand und küßte sie. Cajetana
fühlte, daß sie mit Thränen benetzt wurde.

„Mag sein!" rief der Alte und saß nun ganz auf=
recht auf seinem Lager. „Wenn mein Herr Rittmeister
kommt, wird's wieder besser mit mir werden, daß ich's
ehrlich treibe in der Welt und dies Haus in Meidling
nicht mehr brauche. Aber so lange laßt mich nur hier, es
geht nicht anders."

„Fräulein Cajetana!" schallte draußen ein heller
Ruf. Es war die Stimme der Frau Riebl.

Viertes Capitel.

Verdächtiges Volk.

Cajetana eilte vor die Hütte. Was ihr aufgeregtes Gefühl mit der Pflegerin zu sprechen hatte, sollten die armen Menschen, deren Schicksal sie wahrhaft beklagte, nicht hören; ein freudiges Gefühl, daß sie ihnen helfen könne, ließ ihr liebliches Gesicht in einer schönen Verklä= rung leuchten.

„Ei, was ist Ihnen denn Angenehmes begegnet?" rief Frau Riedl, welche sie dicht an der Thüre traf. „Sie sehen ja so glücklich aus, als hätten Sie hier einen Schatz gefunden?"

Lag darin für sie der höchste Inbegriff des Glücks, so hatte Cajetana hingegen keinen Sinn dafür. „Nehmt mir's nicht übel, daß ich Euch fortgelaufen bin!" sagte sie rasch. „Ich konnte es nicht erwarten, meine Gespielin, die mich bei Euch aufgesucht hat, nun in ihrem eigenen Hause zu sehen, und auch den guten Martin, der meinem Vater ein so treuer Diener gewesen ist. Ich wollte Euch aber nicht in Eurer Ruhe stören, darum ließ ich mir den Weg hieher von dem Buben des Hausmanns zeigen."

„Und ich von der Magd!" lachte Frau Riedl. „Ich

konnte meinen Augapfel doch nicht verlieren. Da drinnen
also wohnen die Leut'? Das sieht ja wüst aus."

„Ich habe eine Bitte an die gute Frau Riebl,"
sagte Cajetana.

„Was mein Goldkind wünscht, da braucht's bei
mir erst gar keine Bitte," erwiederte Frau Riebl freundlich.

„Leihet mir hundert Gulden!"

Die Pflegerin blickte sie betroffen an. — „Fehlt
Ihnen irgend etwas Nöthiges?" fragte sie zögernd.
„Sagen Sie mir's lieber, da schaff' ich es gleich an; ich
bekomm's besser und auch wohlfeiler, als das Fräulein,
das noch keine Erfahrung hat und nicht zu handeln ver=
steht, und wir machen dem Herrn Vater keine unnützen
Kosten."

„Für mich ist es nicht," erwiederte Cajetana und
ließ die Stimme sinken, damit ihre Worte nicht etwa im
Innern der Hütte verstanden würden. „Ich will für den
Martin und die Kathi sorgen."

Frau Riebl lachte, es klang jedoch einigermaßen ge=
zwungen. „Ach, allerschönstes Fräulein, wie sieht man
doch, daß Sie noch nicht viel von der bösen Welt ge=
sehen haben! Hundert Gulden! Sie kennen das Geld
nicht und was man dafür haben kann. Wollen Sie den
Leuten hundert Gulden geben, so wär's eine Sünde, ja
ich sag' Ihnen, eine Sünde! Was sollt' ihnen der Reich=

thum? Nein, und Ihr Herr Vater, was würde er sagen,
wenn ich so unvernünftig gewesen wäre, Ihnen gleich
hundert Gulden zu geben, um sie fortzuwerfen — neh=
men's nicht unlieb — es ist nicht anders."

In diesem Tone hatte Frau Riebl noch niemals
zu Cajetana gesprochen, sie schien an ihrem empfindlich=
sten Nerven getroffen zu sein. Aber ihre Miene blieb
freundlich und ihre kleinen Augen blitzten zwischen den
halb zugedrückten Lidern beinah schalkhaft hervor. Caje=
tana fühlte sich jedoch verletzt.

„Ich weiß, daß mein Vater mir Recht geben wird,"
sprach sie ungeduldig. „Fortgeworfen wird das Geld
nicht sein, wenn es dem armen Martin in seiner Noth
hilft! Mein Vater wird mich loben und Euch die hun=
dert Gulden gleich zurückgeben, sobald er ankommt.
Meint Ihr aber, es ist zu viel und ich kann mit we=
niger helfen, so sagt mir's — ich verstehe freilich nicht,
was sie brauchen, und dachte, mit hundert Gulden müßte
es gehen."

Frau Riebl lachte nochmals über das herzallerliebste
Kind. „Lassen's mich nur machen," sagte sie. „Ich werde
für die armen Leute sorgen, daß sie nicht Noth leiden.
Die Kathi hat mir auch gefallen, ist ein resolutes Dirnd'l
und sah ja gar nicht so aus, besinnen Sie sich doch, als
ob es ihr schlecht ginge. Warum kommt sie denn nicht

heraus? Da brinnen schickt sich's doch nicht für ein vor=
nehmes Fräulein. Ich werde sie rufen."

Cajetana hielt sie davon ab. Sie hatte Kathi be=
deutet, bei ihrem Vater zu bleiben, da sie mit Frau Riedl
allein abmachen wollte, was ihr wohlwollendes Herz
bewegte. — „Laßt sie noch!" bat sie die Pflegerin. „Sie
sitzt bei ihrem kranken Vater, dem eine alte Wunde auf=
gebrochen ist, dem armen Manne."

„O!" sagte Frau Riedel mitleidig. „Nun dann
wollen wir sie freilich nicht stören. Kommen Sie, Fräu=
lein Cajetana. Wir wollen ihnen etwas Stärkendes
schicken und ich werde dem Hausmann sagen, daß er
alle Tage nachfragen läßt, was sie brauchen — das soll
er ihnen verabreichen auf unsere Kosten. So ist die rechte
Art, wie man armen Leuten hilft. Wenn man ihnen Geld
gibt, so ist es fortgeworfen, ich sag's noch einmal, sie
wissen es nicht zu Rath zu halten, verprassen es in kurzer
Zeit und sind dann noch elender als zuvor."

Cajetana wußte darauf nichts zu erwiedern; sie
mußte sich vor der Meinung ihrer Pflegerin, die ihr
einleuchtete, beugen. Nur blieb immer noch die Haupt=
sache übrig, welche sie eben mit der runden Geldsumme,
die sie gefordert, zu erreichen gehofft hatte, und sie fand
nun einen andern Ausweg.

„Wartet noch einen Augenblick!" bat sie. „Ich habe

noch eine Bitte. Hier können die Armen doch nicht blei=
ben. Ihr sagt ja selbst, daß es hier wüst aussieht. Nun
solltet Ihr erst eintreten und sehen, wie es drinnen be=
schaffen ist. So dunkel, daß man sich kaum zurechtfinden
kann, die Fensterlücken mit Papier verklebt, Löcher im
Dach, das kalte Erdreich als Fußboden!"

„Aber, liebstes Fräulein, wenn die Armuth immer
eine solche Unterkunft hätte! Wie viele müssen hinter
Hecken und Zäunen an der Landstraße ihr Nachtlager su=
chen! Und denken Sie doch an die armen Soldaten im
Kriege!"

„Ja, das hat mir wohl der Martin auch gesagt,
daß mein Vater sich oft viel schlechter befunden hat.
Aber —"

„Hat er Ihnen das gesagt?" unterbrach sie Frau
Riebl. „Nun das ist gescheit und brav von ihm. Sie
sehen also, daß er's nicht besser gewöhnt ist, und es taugt
nicht, einen Menschen darin anders zu betten."

„Liebe herzige Frau Riebl, Ihr könntet dem Mar=
tin und der Kathi in Eurem Hause ein Kämmerlein ge=
ben. Es ist ja so viel Platz dort."

Ueber diesen Vorschlag erschrack Frau Riebl der=
maßen, daß sie fast, dem Fräulein gegenüber, die an=
genommene Haltung verloren hätte. Aber sie faßte sich
noch zum Glück und sagte mit kurzem Athem:

„Das — ist unmöglich, Fräulein. Sie haben ein zu gutes Herz — das führt nicht immer zum Besten. Wenn ich schon alle Ihre Wünsche erfüllen möchte, hier geht's doch gar nicht an. Fremdes Volk in mein Haus neh= men — hier draußen in Meidling, wo ich nicht zum Rech= ten sehen kann, das ist unmöglich, das kann ich nicht."

„Fremdes Volk ist der Martin und die Kathi nicht!" versetzte Cajetana eifrig, und eine lebhafte Röthe stieg in ihr Gesicht, so daß es bald ganz wie mit Blut über= gossen war.

Frau Riebl bemerkte das wohl, aber sie konnte sich nicht helfen, die Gefahr war zu groß. „Ich glaub's ja, daß Sie die Leute kennen!" fuhr sie fort. „Der Martin ist ein alter Soldat, wissen Sie denn in Ihrer Unschuld, was das sagen will? Alte Soldaten, mögen's auch die besten sein, bleiben immer die schlimmsten Gäste, denn sie können's nicht vergessen, wie sie früher gehaust haben im freien Kriegsleben, und Sie werden's mir wohl glauben, daß ehrbare Bürgersleute vor dem Soldatenvolke gern ihre Thüren zuschließen."

„Dann wundert's mich, daß Frau Riebl ein Sol= datenkind bei sich aufgenommen hat!" sagte Cajetana mit einem stolzen Leuchten ihrer braunen, sonst so milden Augen.

„O — was reden Sie da! Was hat denn das hier

zu sagen? Fräulein von Cronberg ist die Tochter eines
vornehmen und vermögenden Cavaliers, der seinem Kai=
ser aus gutem Willen dient und Soldaten wohl comman=
dirt, aber doch nichts gemein hat mit dem wilden Volke,
von dem ich sprach! Wie können Sie mich so betrüben?
Ich möchte weinen, daß Sie mir das gesagt haben!“
Wirklich traten Thränen in ihre Augen, und Cajetana
war dadurch beschämt und gerührt.

„Ihr müßt Nachsicht mit mir haben,“ bat sie. „Ich
bin freilich mit dem Weltlauf unbekannt und muthe Euch
wohl mehr zu, als sich schickt — Ihr seid ja schon zu
liebreich gegen mich! Verzeiht mir. Es mag denn so
bleiben, wie Ihr gesagt habt. So lang es Sommer ist,
geht es gewiß, und vor dem Winter kommt ja mein Vater
zurück — mein lieber Vater!“ setzte sie mit einem Aus=
drucke der innigsten Sehnsucht hinzu.

„Ja wohl, Fräulein Cajetana!“ bestätigte die Pfle=
gerin lebhaft. „Es ist ja nun, Dank unserm sieghaften
Prinzen Eugen, der den Erbfeind zu Paaren getrieben
hat, Friede und keine Gefahr mehr! Der Herr Vater
kommt vielleicht noch zur Weinlese, das wird eine Freude
sein! Und Ihrer alten Pflegemutter werden Sie wohl
das Zeugniß geben, daß sie das liebe gnädige Fräulein
gehalten hat, wie es ihr zukommt, und daß sie auch den
letzten Wunsch, ich meine wegen der hundert Gulden und

der Kammer in meinem Hause, mit Freuden erfüllt hätte, wenn — hihi! die Alte nicht klüger und vorsichtiger sein müßte, als die Jugend. Darum soll dem alten, braven Soldaten, der da drinne an seiner aufgebrochenen Wunde darniederliegt, nichts abgehen — ich werde schon dafür sorgen und mein Fräulein soll gleich hören, wie ich dem Hausmann Aufträge geben werde."

„Ich muß von ihnen Abschied nehmen," sagte Cajetana. „Ich hatte mir's so schön gedacht, heute mit der Kathi lustig zu plaudern und an all' die Tage zu denken, wo wir zusammen gespielt haben. Aber sie muß doch bei dem kranken Vater bleiben — und ich sag' ihr nur Lebewohl, gleich bin ich wieder da. Wenn der alte Mann wieder gesund ist, darf sie doch wieder einmal zu mir nach der Stadt kommen, Frau Riebl?"

„Warum denn nicht? Mit tausend Freuden, wenn sie wieder so sauber und ehrbar kommt, wie das Erstemal. Wenn der Herr Vater für den Martin eine Versorgung ausgefunden hat, so muß das Fräulein die Kathi zu ihrer Kammerjungfer nehmen." Sie sprach damit in Cajetana's Sinne, wenn diese auch nicht an eine solche vornehme Dienerin für sich gedacht hatte und darüber kopfschüttelnd lächelte.

Mit einer schnellen Wendung eilte sie nun wieder in die Hütte, wo sie Kathi stehend fand, als warte sie

auf ihre weitern Befehle. „Frau Riebl war hier,“ sagte
das Fräulein, „sie wird dafür sorgen, daß Dir nichts ab=
geht, guter Martin. Die Wunde ist doch nicht schlimm?
Es wird wohl lange dauern, ehe Du wieder hinaus ge=
hen kannst?“

„O, ich denke mir bald wieder Pfeifen im Rohr zu
schneiden,“ erwiederte der Alte munter. „Sorgen's nicht
um mich. Der Frau meinen Respect: ich hätte Alles,
was ich brauchte, die Kathi versorgt mich schon.“

„Nun Gott behüt' Euch Beide! Sobald Du kannst,
Kathi, komm wieder herein nach der Sanct=Annengasse—
wirst Du?“ Kathi versprach es und küßte dem Fräulein
die Hand, worauf Cajetana sich mit bewegtem Herzen
entfernte, um ihre Pflegerin draußen nicht zu lange
warten zu lassen.

Nachdem sie verschwunden war, herrschte in der
Hütte zwischen Vater und Tochter eine geraume Weile
tiefes Schweigen. — „Hundert Gulden wollte sie für
mich borgen!“ begann der Alte endlich. „Gott lohne
es ihr!“

„Vater, es ist doch schlecht, daß ich sie habe behor=
chen müssen,“ sagte Kathi.

„Dummes Madl! Wenn Du nichts Schlechteres
thust!“ brummte er.

„Und lügen muß ich auch!" sagte sie mit unver=
hehltem Vorwurfe.

„Lügen und stehlen, wenigstens stehlen helfen!"
versetzte er wieder in seinem gewohnten Tone. „Warum
hältst Du bei mir aus! Wärst Du längst in die weite
Welt gelaufen, so hättest Du's besser. — Was sagte die
Alte? Vor dem Soldatenvolk schließen ehrbare Bürgers=
leute die Thüren zu? Ja, es hilft ihnen nur nichts!" Er
lachte und sagte dann: „Nun, Kathi, was wir stehlen,
ist wenigstens nicht Geld und Gut, wir treiben's lustiger
und haben unsere Freude, daß sie uns den grünen Wald
nicht sperren können, wenn sie auch hohe Zäune d'rum
legen."

„Ich wollte, der Herr von Cronberg wäre erst wie=
der hier," seufzte die Tochter.

„Ich auch, Kathi," sagte der Vater aufrichtig. Er
schwieg eine Zeitlang, dann fing er wieder an. „Es ist
doch eine Hundswirthschaft, daß ich hier liegen muß,
grad in der schönsten Zeit. Was werden sie sich freuen!
Aber wart' nur, es dauert nicht lang, dann komm' ich
wieder, und sie sollen sich nur vorsehen, daß wir nicht ein=
mal Abrechnung halten!"

„Vater, das ist nicht recht," versetzte Kathi.

„Wenn das nicht recht ist, so thu' ich auch eine
Sünd' im Kriege!" entgegnete er.

„O da geht's auf Kaisers Befehl, mit Euren Herren Offizieren unter der Standarte mit Trompetenschall und allen Ehren im freien Feld!" rief das muthige Mädchen.

„Schau' mir Einer das Kind!" sagte der Alte lachend und wohlgefällig. „Spricht's nicht, als wär's mit bei Montecuccoli in Reih' und Glied geritten, wenn's frisch auf den Feind ging! Ja, Kathi, ich geb' Dir recht, ein besseres Handwerk war's immer, aber wer mir nach dem Leben steht, mit dem leb' ich im Kriege, und was ich dem Erbfeind der Christenheit anthu', das thu' ich auch meinem eignen Feind an. Jeder wehrt sich seiner Haut."

„Aber, Vater, hier ladet Ihr Euch eine Sünde auf die Seele, von der Euch keine Absolution befreit!" — Es war der alte Streit, welchen das Mädchen mit wahrer Herzensangst, seit ihr Vater krank lag, gegen sein rachebürstendes Herz führte, ein hoffnungsloser Streit, sie fühlte es wohl, aber sie konnte ihn nicht aufgeben. — „Und wenn Ihr's gethan habt, was hilft es Euch? Kommt dann nicht ein Anderer, und was wird das Ende sein?"

„Daß sie einmal besser treffen! Dann hat's ja ein End' und es ist Alles aus! Ringe die Hände nicht so, Madl, Du machst mich böse. Für Dich ist keine Noth. Du find'st in der ganzen Welt Deinen Dienst, und das Fräulein wird schon für Dich sorgen. — Ich will nun eine

6*

Weil' schlafen, Kathi. Du kannst hinausgehen, bleib',
so lang Du magst, ich brauch' jetzt nichts — vielleicht
gehst Du noch einmal zu Deinem Fräulein."

Kathi verließ schweigend die Hütte, aber es war
nicht, um ihr geliebtes Fräulein nochmals zu sehen, son=
dern um einen stillen Platz im Gebüsch zu suchen, wo sie
sich ungestört ausweinen konnte.

Frau Riedl war unterdessen mit Cajetana nach
ihrem kleinen schmucken Hause zurückgekehrt, und das
Erste, was ihre spähenden Augen beim Eintritt in das Zim=
mer bemerkte, war, daß ihr Mann geröthete Augen hatte.
Der gute alte Mann hatte offenbar Thränen vergossen.
Franz war nicht zu sehen. Sie errieth sogleich den ganzen
Zusammenhang. Der Beschluß, daß Franz die weite
Reise in das Reich, die ihn zu seinem eigenen Besten auf
längere Zeit aus dem Hause entfernte, unternehmen sollte,
hatte zu einem Aussprechen zwischen ihm und dem Vater
geführt, und das Herzeleid des Sohnes war dem weich=
herzigen Manne allzu nahe gegangen. Es war doch ein
Elend mit ihm — zum Glück hatte er in Geschäften diese
Weichherzigkeit nicht, sonst würde er nichts vor sich ge=
bracht haben! Die Mutter fühlte hier kein Mitleid.

„Wo ist der Franz?" fragte sie herb, und ihr Gatte
kannte diesen Ton nur zu wohl.

„Er wollte Euch entgegen gehen — er muß Euch ver=
fehlt haben," antwortete er kleinlaut.

„Setzen sich das Fräulein, es war ein schlimmer
Gang, wo gar kein Pfad ist," sagte Frau Riebl, wieder
ganz freundlich geworden, zu Cajetana. „Die kleinen
Füßchen, die nichts gewohnt sind, müssen ja schmerzen.
Ich geh', nach unserer Mahlzeit zu sehen — wie's eben
auf dem Dorfe geht, wir müssen vorlieb nehmen. Dann
machen wir einen schönen Spaziergang zum Abend. Der
Franz hat uns gewiß verfehlt, das ist gar kein Wunder.
Ich hätte ohne die Magd das abgelegene Häuschen auch
nicht gefunden, es ist ja so versteckt, wie eine Räuberhöhle.
Dem guten alten Diener des Herrn Vaters will ich damit
aber nichts Böses nachgesagt haben — wenn unser Essen
fertig ist, gnädiges Fräulein, schicken wir für ihn und für
die Kathi etwas hinaus. — Du, Vater, kannst dem Fräu=
lein erzählen, wie sich's mit der Reise unseres Franz ge=
macht hat. Er wird nach dem Reich in Geschäften eine
Reise machen, Fräulein Cajetana — kann sein, recht lange
wegbleiben."

Ihre Augen schärften sich, um den Eindruck zu be=
obachten, welchen diese unerwartete Nachricht auf Caje=
tana machen würde. Aber wie freute sie sich, als sie kein
Zeichen zur Besorgniß wahrnehmen konnte! Cajetana
veränderte die Farbe nicht einmal, was doch die bloße

Ueberraschung, auch ohne ein tieferes Gefühl, gerechtfer=
tigt haben würde. Sie blickte nur mit hellen Augen und
der Miene großen Antheils auf, man hätte es sogar freu=
dig nennen können. In Franz's Seele freute sie sich auch;
ihm mußte es doch lieb sein, ferne Gegenden und neue
Verhältnisse kennen zu lernen. Sie sprach sich in diesem
Sinne heiter und unbefangen aus, und die Mutter ging
völlig beruhigt, und darum gegen Cajetana liebevoller ge=
stimmt, als je, an ihre häuslichen Geschäfte, die ihr in
dieser Stimmung besonders gut von der Hand gingen, so
daß sie heute ein über alle Erwartung leckeres Mahl auf=
zusetzen hoffte.

Wie anders würde Franz gefühlt haben, wenn er
Cajetana in dem Moment, als sie die Nachricht seiner
baldigen Trennung von ihr empfing, hätte sehen können!
Der Gleichmuth, den sie dabei bewahrte, der aufleuchtende
Blick, der für ihn Freuden sah, wo er nur Veröbung fin=
den sollte, würde ihm das Herz gebrochen haben. So
trug er sich auf dem einsamen Gange, der ihn vor das
Dorf geführt hatte, immer noch mit der Hoffnung, daß es
ihr doch auch ein wenig Leid thun werde, ihn auf so lange
Zeit scheiden zu sehen. Er hatte wirklich ihr und der
Mutter entgegen gehen wollen, nachdem er mit dem Vater
ein kluges, inhaltreiches Gespräch geführt. Die Mutter
hatte sich nicht getäuscht. Franz war durch die Nachricht,

welche ihn ganz unvorbereitet getroffen, so bestürzt wor=
den, daß er sich gegen den Vater, sobald er mit ihm allein
gewesen, verrathen hatte, und dieser, bis zu Thränen ge=
rührt, war dadurch unfähig geworden, ihm alles das vor=
zuhalten, was die Mutter über das Verhältniß dachte.
Er hatte ihn vielmehr getröstet und wenn auch in unbe=
stimmten Worten doch einige Hoffnung auf die Zukunft
gegeben, an die er eigentlich selbst nicht glaubte. So war
Franz hinaus gegangen, um Cajetana mit seiner Mutter
einzuholen, und hatte sie, da er auf die Weisung des
Hausmanns in der Zerstreutheit seiner Gedanken nicht
recht gehört hatte, unterwegs verfehlt. Er war bis über
die letzten Höfe schon weit hinaus gekommen, vergebens
sah er sich nach der verfallenen Hütte um, sie lag seinen
Augen verdeckt durch das Gebüsch, an dessen Saum er
stand. Da sah er durch das lichte Gezweig ein junges
Mädchen kommen, sie schritt langsam daher und hatte die
Augen auf den Boden geheftet; er wollte sie um Aus=
kunft fragen und blieb stehen, sie zu erwarten. Als sie
näher gekommen war und ihn gar nicht zu bemerken
schien, der im Schatten einer starken Eiche stand, richtete
er seinen Blick, verwundert, daß sie dermaßen in sich ge=
lehrt ging, auf ihr Gesicht und glaubte in demselben
Spuren einer tiefen Traurigkeit wahrzunehmen. Es machte
auf ihn, weil auch sein Herz in diesem Momente so schwer

war, einen mitleidigen Eindruck, und er wollte sie eben
anreden und fragen, was ihr fehle, als sie plötzlich ihr
großes Auge aufschlug und der Zug einer bangen Trauer,
der in ihm verwandte Saiten anklingen gemacht, beim
Anblicke eines Fremden sogleich verschwand. Doch war sie
nicht verlegen oder bestürzt — sie ging ja nicht auf un=
rechten Wegen.

„Grüß Euch Gott, Herr!" sagte sie, als sie das
städtische Kleid des jungen Mannes bemerkte, und noch ei=
nen schnellen Blick warf sie auf ihn, da ihr auf einmal ein
Gedanke kam, wer er wohl sein könne.

Franz dankte auf ihren Gruß und fragte sie nach
dem Hause, wo sich vor Kurzem ein alter Soldat mit sei=
ner Tochter niedergelassen habe.

„Ich bin die Tochter," antwortete das Mädchen,
zuversichtlich zu ihm aufschauend, denn sie glaubte nun
bestimmt zu wissen, daß sie sich nicht geirrt habe. Das
mußte der Sohn der Frau Riebl sein, welchen sie bei
ihrem Besuch nicht daheim getroffen hatte, weil er für
seinen Vater in Stockerau grade ein Geschäft abschließen
mußte.

„Du bist die Kathi!" rief er und blickte ihr so
freundlich in das Auge, daß ihre gebräunte Wange er=
röthete. Hatte sie doch als Gespielin Cajetana's, welche
dem Fräulein noch immer so lieb war, für ihn ein großes

Interesse. — „Ist denn das Fräulein von Cronberg nicht bei Dir gewesen?"

„Ja, Herr. Sie ist aber abgeholt worden von Eurer Frau Mutter."

„Weißt Du denn, wer ich bin?" fragte er über= rascht.

„Ihr seid doch der junge Herr Riebl?" er= wiederte sie.

„Der bin ich — woran erräthst Du das? Du hast mich nicht gesehen, als Du Fräulein von Cronberg in meiner Eltern Hause besuchtest?"

„Nein, Euer Gnaden war nicht daheim —"

„O nenne mich doch nicht so! Das kommt mir nicht zu," sagte er entschieden. „Ich bin der Sohn eines ein= fachen Kaufmanns. — Gehst Du nach Hause? Ich möchte wohl Deinen Vater sehen, von dem Fräulein Cajetana so viel Gutes erzählt."

Kathi's Gesicht färbte sich noch bunkler. „Mein Vater ist krank," sagte sie — aber die Worte stockten ihr.

„Doch nicht gefährlich?" fragte er voll Theilnahme, und da sie das bestätigte und nur wieder von einer auf= gebrochenen Wunde sprach, wie sie gegen Jedermann thun mußte, erwiederte er: „Ich konnte es mir denken, daß er nicht gefährlich krank sei, da Du sonst wohl nicht von sei=

ner Seite weichen würdest. Du hast ihm wohl im Walde
heilsame Kräuter gesucht?"

Kathi wußte sich in der Verwirrung, welche sie nun
auf einmal überfallen hatte, nicht anders zu helfen, als
daß sie auch das bejahte. Der junge Mann reichte ihr
seine weiße, wohlgeschonte Hand, welche sie zögernd und
verlegen mit der ihrigen, die von Arbeit und Sonnenbrand
gebräunt und gehärtet war, nur eben berührte.

„Ich wünsche, daß Du keine lange Sorge um Dei=
nen Vater hast," sagte er freundlich, und es that ihrem
Herzen so wohl, dies Wort der Theilnahme zu hören. —
„Fräulein Cajetana wird Dich wohl auch getröstet haben.
Du hast sie wohl sehr lieb, Kathi?"

Sie blickte ihn, da er von dem theuersten Gefühl
ihres Herzens sprach, vertrauensvoll an und lächelte, daß
ihr braunes Gesicht, welches ihm bisher wenig schön er=
schienen war, eine wunderbare Verklärung zeigte. In die=
sem Lächeln war ihre ganze Antwort enthalten. Sie äu=
ßerte sonst keine Silbe. Er hielt sie dann nicht weiter auf,
da sie nicht nach dem Dorfe ging, sondern auf sein
Befragen nach der Richtung zeigte, wo hinter dem Ge=
hölz in unmittelbarer Nähe ihre Wohnung lag. Ihn
selbst trieb es zur Umkehr, da ihn der Gedanke, den er
momentan vergessen hatte, der Gedanke an seine bevor=
stehende Trennung wieder mit all' seinen Folgerungen

überfiel. Er grüßte das Mädchen, das mit ihm in einem
Gefühle verbunden war, noch einmal und schritt dann,
ohne sich weiter umzuschauen, rasch nach dem Dorfe zurück.
Kathi aber stand noch eine Weile am Rande des Ge=
büsches und sah ihm nach. Dann wandte sie sich ab und
ging langsam, in ihr früheres Sinnen verfallend, am
Waldsaume dahin, bis sie die wüste Stelle erreichte, wo
ihre jetzige Wohnstätte lag.

Franz wurde zuerst von seiner Mutter, welche vor
die Hausthüre getreten war, erblickt und empfangen. „Du
hast den rechten Weg verfehlt!" rief sie ihm entgegen.
„Siehst Du, mein Sohn, so geht's, wenn man nicht auf
verständigen Rath hört. Ich sage Dir das auch für an=
dere Wege, als die man mit den Füßen wandelt. Wärst
Du doch mit am letzten Sonntag beim hochwürdigen Pa=
ter Abraham in der Predigt gewesen, was hättest Du dar=
über hören können! — Der Vater hat Dir Alles gesagt
wegen der Reise?"

„Die Frau Mutter hält es für gut, daß ich, statt
des Liebhaber, die Geschäfte übernehme —"

„Ich? Hat er so gesagt? Nun ja, ich halte es für
gut und so wird es denn auch dabei bleiben."

„Wann werde ich reisen, Mutter?" fragte der
Sohn.

„Das ist dem Vater seine Sache — die Geschäfte

haben Eile, es wird kein Tag zu verlieren sein, wenn man nicht mehr verlieren will, als Zeit! — Das kann aber zu Haus besprochen werden. Komm herein — wir warten schon mit der Mahlzeit auf Dich." Sie führte ihn in das Zimmer, wo der Vater ihn mit unverhehltem Mitleid kommen sah — wenigstens glaubte Frau Riedl dies Gefühl in seinen Augen zu lesen. Cajetana dagegen begrüßte ihn gleich mit einem Glückwunsch zu seiner Reichsfahrt, und so war ihm der bittere Moment, dem er vorher unbewußt ausgewichen war, doch nicht erlassen. Sie sprach so ruhig, so heiter von seinem Glücke — zu scheiden! Er antwortete wenig und zwang sich zu lächeln, aber die Mutter war doch im höchsten Grade unzufrieden mit ihm und schalt ihn wenigstens in Gedanken tüchtig aus, da sie es in Wirklichkeit nicht thun dürfte.

Bei der Mahlzeit brachte sie selbst das Gespräch auf den alten Diener des Herrn Rittmeisters von Cronberg, welchen sie nach Allem, was sie noch über ihn von dem Hausmann erfahren hatte, durchaus nicht mehr für arm hielt. „Sie sagen ja auch, Fräulein Cajetana, daß er alle Unterstützung abgelehnt hat! Es fehlt ihm nichts, hat er gesagt, er hat sogar einen Schluck Wein zur Stärkung. Ich denke, er besitzt wohl noch mehr, und zeigt es nur nicht vor den Leuten, was ich ganz klug von ihm finde. Als ein Bettelmann ist er hier angekommen und

hat sich doch nach und nach Etwas angeschafft, geht auch
nicht mehr zerlumpt, und die Tochter, das haben wir ja
in Wien gesehen, ist so sauber, daß man sie für eine
Bürgerstochter halten könnte. Also wollen wir ruhig
über den alten Mann sein, Fräulein Cajetana, und nur
wegen der Wunde thut er mir leid—deshalb soll er auch,
wie ich versprochen habe, gut versorgt werden."

Cajetana dachte wieder an die elende Wohnstätte,
die sie mit der Höhle eines wilden Thieres verglich, und
konnte es nicht begreifen, warum Frau Riebl, da sie
doch dies Haus in Meidling nicht bewohnte und selten
genug besuchte, ihre Bitte, dem Kranken hier eine kleine
Kammer einzuräumen, so entschieden abgeschlagen hatte,
aber sie äußerte darüber nichts mehr. Es war ihr lieb,
von Franz, der seine Begegnung mit der Tochter des
Alten erzählte, zu hören, daß Kathi ihm durch ihr be-
scheidenes und freundliches Wesen sehr gefallen habe.—
„Sie ist auch hübsch, nicht wahr?" fragte Cajetana
eifrig. Das konnte Franz nicht beurtheilen.

Der Tag verging in der Weise, wie Frau Riebl
das ländliche Vergnügen angeordnet hatte. Ein abend-
licher Spaziergang in der Richtung auf Schönbrunn hinaus machte den Beschluß, dann folgte die Heimfahrt,
auf welcher der Vater in tiefen Schlaf verfiel und Franz
völlig verstummt war, so daß nur die Mutter und Ca-

jetana ein Gespräch unterhielten. Es schien, als wolle
Frau Riedl durch doppelte Aufmerksamkeit und Liebe
wieder gut machen, daß sie dem Pflegetöchterlein heute zum
Erstenmal einen Wunsch nicht erfüllt hatte. Sie nannte
sie mit den zärtlichsten Namen und fragte sie wiederholt,
ob sie ihr auch nicht verdenke, so gehandelt zu haben, wie
es ihr die Lebenserfahrung ihres Alters gebiete. Caje=
tana war ganz gerührt von diesen Beweisen ihrer Liebe
und bat sie, doch nicht mehr vor ihrem unverständigen
Verlangen zu reden, ihr Vater werde ja nun bald heim=
kehren und dann für Martin und Kathi sorgen, vorzüg=
lich aber ihr, der lieben herzigen Frau Riedl, für all' die
Güte danken, mit welcher sie sein Kind gehegt und ge=
pflegt habe. Da faßte Frau Riedl die Hand Cajetana's
und küßte sie, ehe diese es wehren konnte.

Fünftes Capitel.

Graf Karl Fidelis.

Zu früher Morgenstunde — früh wenigstens für die
Großen des Landes — meldete sich im Hause des Obrist=
kämmerers, Grafen Trautson, der Wildmeister von

Schönbrunn und bat, daß dem Herrn Grafen seine Bitte um ein Paar Augenblicke Audienz vorgetragen werde. Der Graf war mit Arbeiten beschäftigt, ließ aber den Wildmeister sogleich eintreten.

„Ihr bringt mir die Nachricht über die Raubschützen, welche Euch so viel Verdruß gemacht haben,“ redete er ihn an, als der Forstmann mit tiefer Reverenz vor ihm erschien.

„Ja, gnädigster Herr Graf,“ sagte der Wildmeister mit sichtbarer Befriedigung. „Wir sind sie los.“

„Das ist mir lieb. Wie ist es aber zugegangen? Ist die Rotte weiter gezogen?“

„Ganz gewiß. Wie eine Kette Rebhühner auseinander gesprengt durch einen einzigen Schuß. Seit acht Tagen ist es so still, wie in der Kirche, bei uns. Nichts mehr von den bösen Buben zu hören oder zu sehen. Sie haben gemerkt, daß Ernst gemacht wird, mögen wohl ihren Gesellen in aller Stille im Walde verscharrt haben und dann in andere Reviere gezogen sein, wo ihnen weniger aufgepaßt wird.“

„Wie soll ich das verstehen? Ist Einer erschossen worden?“

„Ja, Euer Gnaden, mit des Herrn Obristkämmerers Erlaubniß, mir ist es beglückt, Einen von der Bande zu erlegen, wenn mich's auch meinen besten Hund gekostet

hat. Ich war draußen auf dem Anstand, ganz allein,
mit meinem Turco — ich weiß nicht, ob Euer Gnaden ihn
gesehen haben, als Dieselben das letzte Mal bei uns in
Schönbrunn waren. Da fiel ein Schuß so nah bei mir,
daß ich dachte, es wäre auf mich abgesehen gewesen —
ich spring' in's Dickicht hinein, es war grad' so viel Zwielicht, daß ich sehen konnte, wie auf der andern Seite Einer sich rasch durchwand. Steh' oder ich schieße! schrei'
ich. — Schieß zu! ruft der freche Kerl und lacht mich
aus. Ich brenne ab, da flucht's und Aeste knacken, er
ist hingestürzt — mein Hund los, ich nach! Vor mir
fällt noch ein Schuß — mein Hund stürzt im Feuer zusammen, ich falle drüber hin und sehe nur noch, wie dort
die Aeste sich bewegen und wieder zusammenschlagen. Ehe
ich mich wieder aufraffen und nachsetzen konnte, war Alles
verschwunden, kein Laut mehr zu hören. Mein Hund,
den ich hätte auf die Fährte setzen können, lag todt vor
mir — wie sollte ich den Mordgesellen finden? Gewiß
hatte er sich in irgend ein Versteck gedrückt. Ich streifte
noch, mit der Wuth im Herzen um meinen armen Turco
und daß mir der Fang doch entgangen war, weit und breit
umher, aber es war Nacht und ich konnte die Spur
nicht entdecken. Solche schlechte Nacht hab' ich noch nicht
erlebt. Ich blieb draußen und konnte es kaum erwarten,
bis es Tag wurde. Da fand ich denn freilich eine Spur,

als ich wieder auf den Fleck zurück kam. Es waren ihrer
Zwei gewesen, Einer davon ein kaum erwachsener Jun=
ge — es ist eine Schande, wie das seine Kinder schon zur
Gottlosigkeit anführt. Ich hatte gut getroffen, der Ge=
fallene mußte reichlich geschweißt haben, dann hatte wohl
der Junge meinen Hund erschossen und den Kumpan auf=
geladen und fortgeschleppt, denn ich fand nur noch die
kleinere Spur — die ging bis zum Bach und hörte dann
auf. Sehen Euer Gnaden, wie die Brut schon von klein
auf mit allen Hunden gehetzt ist. Der Bube war mit
dem Geschossenen in das Wasser gegangen, wo er keine
Spur hinterließ, und hatte sich dann eine Strecke weiter
hinauf, wo die Bäume mit ihren Aesten überhingen, still
niedergelegt; dort fand ich am Morgen wieder reichli=
ches Blut und ein paar Fetzen von einem rothen Tuch,
wie es die Zigeuner tragen — damit mochte er ihm die
Wunde verbunden haben. Ich hoffe, es wird eine un=
nütze Mühe gewesen sein. Nun fing wieder die Fährte
an, aber nur eine kleine Strecke, dann kam fester, kurzer
Rasen und Gestein, wo sich nichts mehr erkennen ließ.
Und so haben wir abgespürt wer weiß wie weit und
nichts mehr gefunden. Seitdem ist es ruhig und ich
denke, es wird ruhig bleiben. Schade nur, daß wir den
Jungen nicht erwischt haben, dem hätt' es eingetränkt
werden müssen."

Der Graf hatte den Bericht, welchen der Wildmei=
ster mit großer Lebhaftigkeit vorgetragen, aufmerkſam
und wie es ſchien mit einer wahren Spannung angehört.
„Habt Ihr weitere Meldung über den Vorfall gemacht?"
fragte er.

„Wie ſich's von ſelber verſteht! — Meine Schul=
digkeit, Euer Gnaden."

„Iſt von Seite des Hofjagdamts weiter Etwas an=
geordnet worden, was zur Entdeckung der Thäter führen
könnte?"

„Ich hab' nichts gehört. Aber die ſind fort — dar=
auf kann ſich Euer Gnaden verlaſſen. Ich kenne die Art.
Mir wär' ſchon längſt eine Kugel durch den Hut gepfif=
fen, wenn nur noch Einer von ihnen, ja ſelbſt nur der
Junge noch hier wäre. Es iſt wenigſtens gut, daß wir
doch geſehen haben, wer uns den Schaden gethan hat —
meine Jägerburſchen fingen ſchon an zu glauben, daß es
nicht mit rechten Dingen zugehe und ein Waldgeſpenſt
oder gar noch ein Schlimmerer —" hier bekreuzte ſich
der Waidmann — „Macht über uns bekommen habe."

„Ich danke Euch für Eure Mittheilung, Herr
Wildmeiſter," ſagte der Graf. „Die Zeit bringt ja Alles
an die Sonne, es wird ſchon über kurz oder lang be=
kannt werden, wen Eure Kugel getroffen hat und ob es
zum Tode geweſen iſt. — Nur," ſetzte er hinzu, „wenn

der Begleiter des Wilddiebes, wie Ihr sagt, ein Knabe gewesen ist —"

„Ein Bube, nicht über sechszehn Jahre alt," versicherte der Forstmann. „Euer Gnaden hätten die Spur sehen sollen."

„Dann begreife ich nicht, wie es möglich gewesen," fuhr der Graf fort, „daß der Bube den Verwundeten hat forttragen können."

„O die Angst gibt Kräfte, übermenschliche Kräfte!" rief der Wildmeister. „Euer Gnaden glauben's nicht, wie es da über Einen kommt, grad' als geschehe ein Mirakel! Da kann ich Euer Gnaden von mir selber eine Geschichte erzählen, wenn Sie mir zuhören wollen."

Der Graf war wenig dazu geneigt, aber er wurde der Ablehnung, welche den alten Waidmann vielleicht gekränkt haben würde, überhoben, indem sich die Thüre öffnete und ein wohlbekannter, lieber Freund eintrat, dessen noch nicht erwartete Erscheinung ihn freudig überraschte.

„Fidelis!" rief er und Beide umarmten sich herzlich.

Der Wildmeister trat ehrerbietig zurück, wartete aber an der Thüre, bis er entlassen wurde.

„Ich danke Euch nochmals," sagte der Graf freundlich zu ihm. „Eure Geschichte werde ich mir einmal zu Schönbrunn ausbitten und dabei zugleich hören, ob Alles, wie ich auch von Herzen hoffe, ruhig geblieben ist."

7*

Der Wildmeister verabschiedete sich und die Freunde blieben allein.

„Nun grüß Dich Gott, Fidelis!" rief Trautson, sich des Namens bedienend, mit welchem Graf Königsegg, der allerdigs Karl Fidelis getauft war, unter seinen nähern Bekannten genannt wurde. „Dir ist das Kriegs= leben wohl bekommen, ich freue mich, Dich so stattlich wieder zu sehen!"

Fidelis war in der That ein stattlicher Mann von hohem Wuchs und vornehmer Haltung, dessen Gesichts= züge durch wohlgebildete Adlernase und ein helles, mu= thiges Augenpaar einen Ausdruck von Kraft und Ent= schlossenheit erhielten. Er trug Cavalierkleidung, nicht die Uniform des Reiter=Regiments, dem er angehörte; damals war es unter den Offizieren noch nicht allgemeine Sitte, die Uniform, welche überhaupt erst seit Kurzem eingeführt war, auch außer dem Dienste zu tragen — bei Hofe war es durchaus unstatthaft, darin zu erscheinen, nur die Offiziere der Husaren, weil ihre Uniform zugleich Nationaltracht war, hatten dies Recht.

„Und Du bist, seit wir uns nicht gesehen haben, Obristkämmerer des römischen Königs geworden," sprach Königsegg, als Beide sich zu ruhigem Gespräch gesetzt hatten. „Dabei wirst Du wohl nicht stehen bleiben, wie? wenn die römisch königliche Majestät sich in eine kaiser= liche verwandelt!"

„Gott erhalte unsern frommen Kaiser Leopold noch lange!" sagte Trautson.

„Amen!" erwiederte Königsegg. „Aber es ist doch bei seinem hohen Alter bald zu erwarten, daß er die Krone nicht mehr lange trägt.—Das Wichtigste für Dich vergesse ich — Du hast Dir während meiner Abwesenheit unter den Töchtern des Landes eine Gesponsin erkieset. Gratulor!"

„Gratias ago!" antwortete Trautson lächelnd. „Sprichst Du Latein, seit Du im Lande Ungarn so viele Jahre Dich getummelt hast? Die schönen Magnatentöchter der Magyaren, bei denen Latein ja die Umgangssprache ist, sind wohl Deine Lehrmeisterinnen gewesen?"

Königsegg schüttelte den Kopf. „Die Magnatentöchter sind uns nicht eben hold. Es ist den Ungarn schon recht, daß die kaiserlichen Waffen sie von den Türken befreit haben, aber sie möchten sich eben wieder einen König wählen nach eigenem Gefallen und unsers Kaisers Rechte vergessen. Lassen wir das. Ungarn gehört dem Kaiser, und die Grenzen werden nicht stehen bleiben, wo sie heut' sind. — Du hast also die schöne Maria Theresia Ungnadin von Weißenwolff heimgeführt? Du Glücklicher, man könnte Dich beneiden."

„Was hindert Dich, Fidelis, Gleiches zu thun?" entgegnete Trautson. „Deine Frau Mutter hofft sehr darauf."

„O meine Frau Mutter — rispetto!" scherzte Kö=
nigsegg. „Sie selbst hat eigentlich das wahre Glück der
Ehe, wie es Dir lächelt, Leopold, niemals gekannt, denn
ihr erster Gemahl, weißt Du, der alte Graf von Dessana,
soll wohl vierzig Jahre mehr gezählt haben, als sie, da
sie ihm die Hand reichte, und mein Herr Vater, ihr zwei=
ter Gemahl, war auch ein Witwer von fast sechzig Jah=
ren, als er sie uns neun Geschwistern zur Stiefmutter
gab. Aber diese Erfahrungen, wobei ihr Herz verschont
geblieben ist, haben sie um so besorgter gemacht, ihren
Kindern, so weit sie noch ledig sind, die wahre Süßig=
keit der Ehe zu sichern, und Du hast ganz recht, sie hofft
sehr, daß ich ihrem Rath folge."

„Der Ernst des Krieges hat auf Dich keinen Ein=
fluß gehabt, Fidelis," sagte Trautson.

„Doch, Leopold! Du wirst noch erschrecken, wie
ernsthaft ich geworden bin," erwiederte Königsegg. „Mei=
ne Stiefmutter fand mich ganz verwandelt. Aber wenn
ich Dein altes, liebes, ehrbares Gesicht schaue, da bin
ich wieder der Alte, und Du kannst mich nur gleich aus=
schelten, daß ich so von meiner Frau Mutter gespro=
chen habe."

„Du verdienst freilich nicht, daß sie Dir so zugethan
ist," versetzte Trautson. „Ich habe es deutlich bemerkt,
daß sie Dich als ihren Liebling allen Deinen Geschwistern

vorzieht.. Hat sie Dir gesagt, daß ich kürzlich bei ihr im Gumpendorf gewesen bin?"

„Wie kannst Du glauben, daß sie mir das ver= schwiegen hätte!" rief Fidelis. „Deine Frau Gemahlin mag Dich nur hüten — mehr sag' ich nicht. O blicke nicht so sträflich, wie ein Kapuziner! Dabei fällt mir unser kleiner Kapuziner ein — Du weißt, daß die Soldaten un= sern Prinzen Eugenius so nennen, weil er immer im braunen Röcklein daher reitet — der will sich wohl nun im Frieden auch eine Gemahlin suchen, denn er baut ja gewaltig in der Stadt und draußen ober der Heugasse. Gewiß hat er bei der großen Hof=Wirthschaft zu Ehren des russischen Caren, von der so viel erzählt wird, Heer= schau unter den schönen und hochgeborenen Fräulein ab= gehalten. Du warst dabei? Natürlich!"

„Ich war unter den Dienern ohne Damen — eben so der Prinz."

„Und Deine Frau, wessen Dame?"

„Meine Frau konnte dem Feste nicht beiwohnen."

„Ich verstehe und gratulire nochmals. Daß ich dem Feste und den andern Lustbarkeiten, zu welchen der Be= such aus Moskau Anlaß gab, nicht beiwohnen konnte, hat mich draußen an der Theiß sehr unglücklich gemacht. Es geht zu Wien so still und einfach zu, von Jahr zu Jahr immer stiller — und bei der einzigen Gelegenheit,

wo sich der Kaiserhof einmal in seiner vollen Pracht und
Herrlichkeit zeigt, der ganze Adel der Erb= und Kron-
lande in Wien zusammenströmt, um Alles, was Schön=
heit und Glanz ist, vor den Augen des Caren und noch
mehr zum eigenen Ergötzen zu entfalten, muß ich draußen
im öden Ungarn liegen! Mein Bruder, der auch einen
Diener vorgestellt hat, aber nicht ohne Dame, wie Du,
sondern mit der Gräfin Waldstein engagirt, hat mir
soviel davon erzählt, daß ich ganz heidnisch oder viel=
mehr magyarisch geflucht habe. Johanna Thurn, des Ca=
ren Dame, soll ja wunderschön als friesische Bäuerin
ausgesehen haben. Ich hätte gemeint, ihre Schwester
Isabella in venetianischem Costüm müßte noch reizender
gewesen sein. Doch was rede ich mit Dir davon? Du
hast wohl für keine schöne Dame Augen gehabt, mein ehr=
barer Leopoldus! Ich tröste mich damit, daß es lustiger
in Wien zugehen wird, wenn erst der römische König sich
vermählt hat, was ja der Ajo stark betreiben soll. Gewiß
kann mir der Herr Obristkämmerer des Königs darüber
Auskunft geben, wann die Vermählung stattfinden
wird, und ob mit gebührendem Glanze."

„Fürst Salm wünscht allerdings, daß die Vermäh=
lung des Königs mit der passenden Würde gefeiert wer=
den soll; er hat freilich keine entscheidende Stimme beim
Kaiser, doch zweifle ich nicht daran und Fidelis wird

dann wohl im Stande sein, die von ihm versäumte Heer=
schau nachzuholen."

„Hast Du den Max Riedau gesehen?" fragte Kö=
nigsegg, zu einem andern Gegenstande übergehend.

Trautson bejahte es und äußerte, daß ihm der
junge Mann in seinem ritterlichen Wesen sehr wohl ge=
fallen habe.

„Meine Mutter hat ihn Dir noch ganz besonders
empfohlen," sagte Fidelis. „Er verdient es auch sowohl
als Soldat, als seines Charakters wegen. Ich versichere
Dir, daß seine Tapferkeit an das Uebermenschliche streift;
selbst der Prinz von Commercy, der so leicht Niemand
bewundert, da er seine eigenen Heldenthaten für ganz ge=
wöhnlich hält, ist schon auf ihn aufmerksam geworden.
Hast Du Gelegenheit gefunden, mit dem König Joseph
einmal von ihm zu sprechen?"

„Noch nicht. Der König kennt ihn schon, und ich
freue mich, auch das Zeugniß des Prinzen von Commercy
für den tapfern jungen Offizier in Anspruch nehmen zu
können. Deine Mutter hat sich seiner Schwester an=
genommen."

„Ja, das ist ein unglückliches Wesen," sagte Kö=
nigsegg. „Sie macht auf mich immer einen unangeneh=
men Eindruck und ich vermeide es, mit ihr in Berührung
zu kommen. Sie ist eine wahre Brennessel."

„Traurig genug, daß ihre Lage sie auf diese Weise verbittert hat," entgegnete Trautson. „Sie soll einst bessere Tage gekannt haben, wie mir Deine Frau Mutter erzählte."

„Schön ist sie darum doch nicht gewesen und verbittert wohl deshalb mehr, als durch ihre Armuth."

„Schäme Dich, wie herzlos Du sprichst! Zum Glück kenne ich Dich besser und weiß, daß Dein Herz für jedes Unglück ein starkes Mitgefühl hat und auch hilft, wo es kann."

„Laß mir die Lustigkeit, Leopold — sie wird mir nur zu bald getrübt werden. Ich habe einen schweren Gang vor: ich soll einem Soldatenkinde den letzten Gruß ihres Vaters bringen. Und so will ich denn lieber gleich gehen, da ich doch gehen muß. Es ist eine lange Geschichte, die dazu gehört und die auch meinen armen Max Ribeau betrifft — ich werde sie Dir erzählen, wenn Alles geschehen ist. Zum Glück tritt hier wenigstens keine Noth ein, wie es bei Ribeau's war. Soldaten sollten eigentlich nicht heirathen, denn wenn ihr Herz bricht, brechen andere Herzen mit."

„Ist denn das nicht bei andern Herzen auch der Fall, die sich lieb haben?" fragte Trautson von dem ungewohnten Ernste des Freundes ergriffen.

„Gewiß, aber der Tod mäht nur unter ihnen nicht

mit so weitgeschwungener Sense, wie unter Soldaten-
herzen!" erwiederte Königsegg. „Auf Wiedersehen —
bald! — Vergiß nicht, für den Max beim Könige ein
Wort einzulegen. Er verdient es vor vielen Andern."

Als der Freund sich entfernt hatte, begab sich Trautson in das Zimmer seiner Gemahlin, die er mit ihrem
einjährigen Töchterlein auf dem Schooße traf. War es
dieser Anblick, der sein Herz immer von Neuem bewegte,
oder wirkte noch die letzte ernste Wendung, die sein Gespräch mit Königsegg genommen hatte, nach, die junge
Frau konnte bemerken, daß sein Auge mit einem Blick,
der etwas Trauriges bedeutete, auf sie gerichtet war. Sie
fragte ihn danach. Da wurde sein Auge von einem höhern Glanze belebt und seine Züge drückten die innigste
Liebe aus.

„Ich bin so glücklich, daß ich Dich und unsere Elisabeth habe!" sagte er, küßte sie und das Kind und setzte
sich an ihre Seite. „Gott erhalte uns unser Glück!"

„Das hoffen wir von Seiner Gnade!" antwortete
sie, von seinen Worten bewegt. Sie hatte noch keine Antwort, warum er bei ihrem Anblick eher traurig als erfreut zu ihr hingeschaut hatte, aber sie ahnte es wohl,
dies unwillkürliche Zagen der Seele im höchsten Glücke,
daß es ihr entrissen werden könne, und sie scheute sich,
dasselbe zum klaren Bewußtsein zu bringen.

„Fibelis ist angekommen," erzählte er ihr.

„Ist er wieder da?" rief die Gräfin. „Ei, so wird er mir wohl meinen Mann recht oft entführen! Ich weiß, daß er eifersüchtig auf mich ist, weil ich ihm Dein Herz geraubt habe — schrieb er nicht so? Wie lange wird er in Wien bleiben?"

„Wünschest Du, daß er, kaum angekommen, schon wieder an seine Abreise denke?" entgegnete Trautson heiter. „Ich glaube, Resi, daß Du eifersüchtiger auf ihn bist, als er auf Dich. Freundschaft und Liebe können sich aber wohl neben einander vertragen, ohne daß die eine durch die andere leidet. Jedenfalls bleibt Fibelis nun längere Zeit hier, da der Frieden geschlossen ist und wir hoffentlich einer segensreichen Zeit der Ruhe in ganz Europa entgegen gehen. Den Vermählungsfeierlichkeiten wird er wenigstens beiwohnen, er hat schon davon gesprochen und sehr beklagt, die vorjährige Feste versäumt zu haben."

Sie fragte, was er sonst erzählt habe, und forschte nach Frauenart auch, ob er nicht bald an seine eigene Vermählung denke; sie that es so ernst, daß ihr Gemahl über ihre wichtige Miene lächeln mußte. Beide plauderten nun eine längere Zeit über nah' liegende Dinge, und es war ein erquickendes Bild, dies junge Paar in herzlicher Liebe so traulich vereint zu sehen: den ernsten

Mann, wie er durch das heitere, fröhliche Wesen seines geliebten Weibes erheitert wurde; die zarte, liebliche Frau, wie sie unschuldig und vertrauensvoll zu ihm auf= sah, der ihres Lebens starker Halt war, und wie sie mit dem schönen Kinde auf ihrem Schooße tändelte, das in Frische und Gesundheit strahlend mit den kleinen Händ= chen eifrig nach den Schleifen ihres Corsets haschte und vor Lust zuweilen hell aufjauchzte. Gott erhalte ihnen ihr Glück!

Eine Sendung von König Joseph unterbrach diese Stunde der reinsten Freuden. Es war ein Befehl, den König auf einer Spazierfahrt zu begleiten, und Trautson verabschiedete sich von seiner Gemahlin.

„Dein königlicher Freund ist rastlos!" sagte sie. „Ueberhaupt, soll ich mit Deinen vielen Freunden zufrie= den sein, da Einer Dich kaum verlassen hat, wenn der Andere Dein begehrt?"

„Würdest Du wünschen, daß ich gar keine Freunde hätte?" entgegnete er.

„O nein!" erwiederte sie. „Aber solche, die mehr Achtung vor meinen nähern Rechten besäßen! Nun geh' nur, Leopold, und sage der Majestät, daß Sie wenig= stens keine halsbrechenden Stücklein mit Dir unternimmt, wie Sie es nur allzusehr liebt. Ich werde mit Elisabeth auch eine Spazierfahrt machen. Vielleicht begegnen wir

uns. Wenn es die Majestät wissen will: wir sind im
Prater."

Wie eine Königin mit angenommener Hoheit entließ sie den Gemahl, rief ihn aber noch einmal zurück
und küßte ihn. „Denk' an uns, Leopold, auch wenn Du
von Staats- und Kriegssachen sprichst."

Der Graf begab sich nach der Burg, welche damals
erst durch den neuen Tract, den Kaiser Leopold hatte er-
bauen lassen, erweitert war und in ihren übrigen Stein-
massen durchaus dem Sinne der Altvordern entsprach,
denen es weniger auf Behaglichkeit des Wohnens, als
auf eine feste Schutzwehr gegen fremde Gewalt ankam.
Weib und Kind, Mann und Roß, und alle Habe sollten
darin wohl geborgen, davon der Name Burg! Die
Kaiserburg in ihren ältern Gebäuden machte davon keine
Ausnahme, Licht und Luft hatten wenig Zugang in das
Innere dieser starken Mauern mit ihren Gängen und
dunklen, engen Stiegen. Die dürftigen Blumen in dem
sogenannten „Paradiesgärtlein", das unter den Fenstern
der Kaiserin Eleonora angelegt war, wenige Schritt im
Geviert, schossen krankhaft immer höher auf, um dem
Sonnenstrahl, der sie flüchtig begrüßte, entgegen zu kommen. Nur in den neuen Räumen, welche der jetzige Kaiser geschaffen hatte, zeigte sich wahrhaft fürstliche Pracht
und Großartigkeit; hier wurden auch die Feste gefeiert,

welche freilich, wie Graf Königsegg ganz richtig bemerkt
hatte, bei dem einfachen Sinne des kaiserlichen Paares
und der Sparsamkeit, welche durch die unermeßlichen
Kriegskosten der letzten Jahrzehnde auch dem kaiserlichen
Haushalt auferlegt worden, nicht in ununterbrochener
Folge, wie am Hofe zu Versailles oder dem fast noch
üppigern Friedrich August's zu Dresden, dahin rauschten.

Die Einfachheit, welche trotz des strengsten spani-
schen Ceremoniells in den Vorzimmern und Gemächern
Kaiser Leopold's herrschte, war in denen seines Sohnes,
des römischen Königs, nicht in gleichem Maße zu finden:
Joseph, bei seinem feurigen, nach dem Ideal strebenden
Naturell, liebte den Glanz, und sein Erzieher, Fürst
Dietrich von Salm, welcher darin eine fürstlich hohe
Sinnesart erblickte, hatte ihn nach dieser Richtung nicht
beschränkt. Wenn er einst zur Regierung kam, so mußte
sich auch im Aeußern Manches am Hofe ändern.

Graf Trautson fand schon die königliche Karosse mit
Viergespann und Vorreitern im Burghofe wartend, und eilte,
seinen jungen Herrn nicht ungeduldig zu machen. Er fand
ihn jedoch, nachdem er Einlaß erlangt hatte, noch an seinem Schreibtisch beschäftigt, und ein Miniaturbild, das
neben ihm lag, belehrte Trautson, an wen der Brief gerichtet war, welchen der König eben schrieb.

„Noch einen Augenblick!" sagte der junge Fürst, in-

dem er den Eintretenden freundlich begrüßte. Er fuhr
dann in raschen Zügen zu schreiben fort, und als er den
Brief geschlossen hatte, weidete er sich noch einmal an den
Zügen seiner verlobten Braut, welche noch in Italien
weilte, wo auch die Vermählung durch Procuration in
kurzer Frist vollzogen werden sollte. Fürst Salm hatte
die Prinzessin Wilhelmine Amalie von Hannover zwar
aus eigensüchtigen Absichten zur Gemahlin seines Zög=
lings erkoren, denn er war mit ihr verwandt; Jahre
lang schon hatte er in stiller, unbemerkbarer Weise seinen
Plan verfolgt, die Aufmerksamkeit Joseph's auf seine
Nichte, die mit ihrer verwitweten Mutter zu Paris lebte,
zu lenken, eine Neigung zu ihr in dem Herzen des Kai=
sersohnes anzufachen und diese Neigung zu einer heißen
Liebe zu entflammen. Die Bestrebungen einer zahlreichen
Hofpartei, welche ihm, dem Fremden, ohnehin feindselig
war, hatten die Verbindung, die mit eben soviel Feinheit
als Consequenz eingeleitet worden, nicht zu hindern ver=
mocht. Aber die Wahl, welche Salm getroffen hatte, war
auch eine sehr glückliche gewesen, und das Wohlgefallen,
mit welchem König Joseph das wohlgetroffene Bild seiner
Braut vor den Augen seines liebsten Freundes betrach=
tete, gab Zeugniß davon. Er schloß es hierauf wieder
ein, übergab den Brief, den er eigenhändig versiegelt
hatte, dem Secretair, welcher im Nebenzimmer harrte,

zur Beförderung, und bestieg dann mit Trautson, der ihn allein begleiten sollte, in den bereit gehaltenen Wagen.

In den Prater! Die Weisung war schon früher er= theilt; Trautson, als er die Richtung nach dem Rothen= thurm einschlagen sah, dachte mit lebhaftem Wunsch an seine Gemahlin, die er nun wirklich dort zu sehen hoffte. Der Prater war als Jagdgrund damals noch den Ein= wohnern von Wien verschlossen und nur dem Hofe vor= behalten, doch hatten die obern Hofchargen die Erlaubniß erhalten, denselben zu befahren, und diese Erlaubniß hatte sich allmälig der ganze Hochadel, mit stillschweigender Duldung von Oben, zu Nutz gemacht. Nur mußten da= bei alle Rücksichten, welche die strengste Etikette vorschrieb, beobachtet werden.

In der königlichen Karosse, wenn sie sonst mit Läu= fern vorauf und Pagen im Schlage daher fuhr, herrschte die Etikette sonst auch, selbst der junge König war durch sie gebannt; sobald er aber mit Trautson allein war, streifte er sie ab, und der Scherz, den er bei der Durch= fahrt durch den Rothenthurm über das bekannte Wahr= zeichen machte, verrieth seine ungezwungene Laune. Dort hing nämlich — und ist erst um die Mitte des vorigen Jahrhunderts verschwunden — eine riesige Speckseite, vor Alters vielleicht in Natura, seit geraumer Zeit aber von Holz nachgebildet, mit einem altdeutschen Reimspruch, welcher denjenigen, der sich nicht vor seiner Frau fürchte, aufforderte, den „Pachen" herabzunehmen. Es hatte sich der That, weil ein Unberufener mit Strafe von Gei=sterhand bedroht war, noch Niemand unterfangen, und König Joseph neckte seinen Freund damit, daß er, der ein so ernster, gestrenger Herr sei, doch gewiß das Hausregi=ment führe und den Zauber also lösen könne, welcher zur Schmach aller Wiener Ehemänner nun schon seit so vie=len Jahrhunderten hier hänge: wenn er sich des Helden=stückes getraue, wolle er augenblicklich Befehl zum Anhal=ten geben. Trautson erwiederte, daß er Seiner Majestät, welche ja binnen Kurzem auch zu Hymen's Fahne schwö=ren werde, nicht vorgreifen dürfe, und Beide fuhren in heiterster Laune über die Brücke nach der neuen Leopold=stadt durch die „Wildwerker=Zeile", wie eine schnurgrade gebaute Reihe von Häusern für die Jagdbedienten ge=nannt worden war, und weiter über den Donau=Arm, welcher damals noch den Prater von der Leopoldstadt trennte und erst unter Joseph II., der überhaupt den gan=zen Prater auch Fußgängern öffnete, trocken gelegt wor=den ist.

Als sie nun unter den Riesencichen des prächtigen Waldes auf dem breiten, ausgehauenen Wege, der nach dem Lusthause führt, langsamer fuhren, begann der Kö=nig: „Hast Du Etwas in Erfahrung gebracht über mein Abenteuer im Thiergarten?"

„Ich glaube, eine schwache Spur gefunden zu ha=
ben, aber sie scheint nicht ohne Aufsehen, wie mir Eure
Majestät doch befohlen, verfolgt werden zu können. Ist
Ihnen keine Meldung über eine Bande von Wilddieben
zugegangen?"

„Lamberg hat mir davon gesagt — der Wildmeister
soll Einen erschossen haben."

„Wenigstens verwundet. Nach seiner Erzählung bin
ich auf den Gedanken gekommen, daß es wohl der Mann
gewesen sein könnte, den Eure Majestät meinen. Der
Wildmeister hat doppelte Fußtritte gesehen, wovon er die
einen für die eines kaum erwachsenen Knaben gehalten.
Ob das nicht die des Mädchens waren?"

„Aber ein alter Jäger wird doch die Spuren un=
terscheiden können!" erwiederte der König.

„Vom Wilde, ja — aber von Mädchen und jungen
Burschen? Ich weiß aber nichts weiter, es kann auch
ebenso gut gewesen sein, wie der Wildmeister glaubt.
Ohnehin scheint es mir über die Kräfte eines Mädchens
zu gehen, daß sie den Verwundeten, wie doch geschehen
ist, aufgehoben und fortgetragen, und vorher gar einen
Hund, der ihre Spur verfolgte, erschossen haben soll."

„O was das Letztere betrifft, so wär' es wohl mög=
lich," entgegnete der König. „Hättest Du die Entschlossen=
heit gesehen, mit welcher das Mädchen meinem Pferde in

die Zügel fiel und es zur Seite riß, so würdest Du gar
nicht daran zweifeln, daß sie, wenn es gilt, auch einen
Jagdhund niederschießen und ihren verwundeten Vater
forttragen könne. Wie ist denn der Vorfall gewesen?
Ich habe das Nähere nicht gehört, nur daß Einer er=
schossen worden und seitdem die Bande aus der Gegend
verschwunden sei."

Trautson wiederholte die Erzählung des Wild=
meisters.

„Ich glaube ganz bestimmt, daß es mein Paar ge=
wesen ist," sagte der König. „Der Alte hat wohl seinen
Lohn dahin, wenn er wirklich gefallen sein sollte; ihn kann
ich nicht bedauern, da ich ihm selbst nichts verdanke. Um
das Mädchen sollte es mir aber leid thun. Was wird
nun ihr Schicksal sein? Sie muß im Elend verkommen."

„Eure Majestät wolle bedenken, daß die Tochter ei=
nes Wilddiebes ohnehin im Elend lebt, sittlich wenigstens."

„Mein strenger Richter hat Recht. Aber es wäre
vielleicht seiner würdig, sie zu retten und unter bessere
Menschen zu bringen."

Dem Grafen war es neu, seinen königlichen Freund
so consequent in diesem Gedanken zu finden, und er konnte
sich nicht entbrechen, an einen ganz besonderen Grund zu
glauben, welcher den allgemein menschlichen noch in ihm
unterstützte.

„Gern will ich Alles dazu aufbieten, das Mädchen zu finden, wie ich auch schon Forschungen unter der Hand angestellt habe," sagte er. „Wenn aber doch die Bande, zu der ihr Vater gehörte, die Gegend verlassen hat, wird sie nicht mitgegangen sein?"

„Glaubst Du an eine ganze Bande?" entgegnete der König.

„Der Wildmeister ist entschieden der Meinung," sagte Trautson, „daß nur Zwei nicht diese Verheerung unter dem Wildstande angerichtet haben könnten."

„Das ist offenbar Uebertreibung! Man muß die Jäger kennen!" erwiederte Joseph. „Mir ist eine andere Frage unbegreiflicher, was sie mit dem vielen erlegten Wilde anfangen? Aus reiner Mordlust können sie es doch nicht schießen?"

„Aus Jagdlust, allergnädigster Herr!" versetzte Trautson lächelnd. „Das sollte Euer Majestät wohl begreiflich sein im Angesichte des Lusthauses, wo oftmals nach vollendetem Waidwerk Berge von erlegtem Wild aufgethürmt werden."

Der König lachte. „Wir haben doch ein wenig mehr Recht dazu," versetzte er. — „Mag aber dem sein, wie ihm wolle, so muß ich, um Dir es offen zu gestehen, meinen Ring wieder haben. Er hat zwar keinen Werth für mich und es war nur eine Gewohnheit, gewisser-

maßen eine Rücksicht, eine Gefühlssache, daß ich ihn noch
trug — hätte ich ihn abgestreift, so würde ich Jemand,
der ihn mir, wenn auch nur in einer Tändelei, geschenkt
hat, bitter gekränkt haben; das wollte ich doch nicht, ver=
stehst Du mich? Und so duldete ich ihn bis auf passende
Gelegenheit, ihn zurückzustellen, an meinem Finger. Mein
Leopold blickt überaus streng vor sich hin."

„Die passendste Gelegenheit — wenn ich überhaupt
recht verstanden habe — wäre wohl Eurer Majestät schon
ein für Dero Liebesglück hochwichtiges Ereigniß gewesen,
und es könnte Niemand verletzt oder gekränkt haben,
wenn der Ring dann von Dero Hand verschwunden
wäre, mochte er Ihnen verehrt worden sein, von wem es
auch wolle."

„Du hast vollkommen Recht, Leopold; nenne es
Schwäche, daß es nicht geschehen ist. Im Walde neulich,
als ich dem Mädchen Etwas für ihre Heldenthat schenken
wollte, da sie noch dazu hart zu Boden geschleudert wor=
den war, wandelte es mich an, daß ich den Ring, der
mich auf der Seele drückte, nicht besser anwenden könnte,
und ohne mich lange zu besinnen, warf ich ihn hin. Aber
ich möchte nicht, daß er zu Tage käme — wer kann wissen,
wie der Zufall oft wunderlich spielt. Behalten wird das
·Mädchen den Ring nicht, sie wird ihn verkaufen — viel=
leicht ist es schon geschehen! Wenn es irgend möglich

wäre, möchte ich ihn wieder haben, sie sollte mit dem
Handel zufrieden sein. Freilich, wie sie zu finden, weiß
ich selbst nicht. Wenn ihr Vater nicht todt und begraben
wäre, wie der Wildmeister glaubt, so ließe sich annehmen,
daß er in irgend einem Versteck seiner Wunde pflegte. Die
Jäger werden danach wohl schon gespürt haben, und wenn
es ihnen nicht gelungen ist, so wird es Dir auch nicht
gelingen. Wir werden also die Sache wohl auf sich be-
ruhen lassen."

„Man macht sich von fremden Menschen oft, ohne
sie gesehen zu haben, nach ihrem Thun ein Bild," sagte
Trautson. „Wie mir Eure Majestät das Mädchen und
ihr Benehmen geschildert, glaube ich nicht, daß sie den
Ring so leicht verkaufen wird."

„Was hab' ich Dir viel schildern können!" rief der
König. „Es gehört Deine rege Phantasie dazu, um sich
aus dem Wenigen, das ich von ihr erlebt und gesehen,
ein Bild zu machen! Ich selbst weiß kaum noch, wie sie
ausgesehen hat, und würde sie nicht wieder erkennen, wenn
sie mir heut' begegnete. Gleicht sie indessen Deiner Vor-
aussetzung, so mag sie in Gottes Namen den Ring behalten. Wir wollen es also ruhen lassen. — Du blickst
auf einmal so freudig auf! Was siehst Du in dem Wagen
dort? Ah, ich errathe es."

Ein Wagen mit Dienern in Livree und einem adeli-

gen Wappen am Schlage fuhr langsam, wie es sich ge=
bührte, vom Jagdhause kommend, an der königlichen Ka=
rosse vorüber. Tief verneigte sich die Dame, welche darin
saß, vor König Joseph; auf ihrem Schooße saß ein lieb=
liches Kind, ihr gegenüber die Dienerin.

Der König ließ augenblicklich halten. „Sie sind
entlassen, Herr Obristkämmerer,“ sagte er. „Vermelden
Sie der Frau Gräfin Trautson meinen Gruß und
begleiten dieselbe als Cavalier nach der Stadt.“

Das war nun freilich ganz gegen alle Hofetikette,
daß der Kämmerer auf öffentlichem Fahrwege im Prater
aus der königlichen Karosse steigen und sich in einen
andern Wagen zu der Dame setzen sollte, indessen der
König bestand in seiner muthwilligen Laune darauf und
Trautson mußte sich fügen. Ein seelenvoller Blick der er=
röthenden Frau dankte dem jungen Fürsten.

Sechstes Capitel.

Die Trauerkunde.

Vor dem Hause des Herrn Johann Anton Riedl in der Sanct=Annengasse hielt der Hausknecht ein gesatteltes, mit einem Mantelsacke bepacktes Pferd. Er stand schon eine Viertelstunde damit vor der Thür, und noch immer wollte der Reiter nicht kommen. Wurde dem Muttersöhn= chen denn der Abschied gar so schwer? Was aber der Hausknecht auch denken mochte, ein Muttersöhnchen war Franz Riedl nicht: die Mutter hatte ihn nimmer mit all= zugroßer Liebe verzärtelt, eher mochte es der Vater ge= wesen sein.

Der Vater begleitete ihn auch nur, als er endlich aus der Thüre trat. Franz war sehr bleich, sein Auge verdunkelt. Der Vater streichelte ihm stumm noch einmal die Backen — dann saß Franz auf und ritt hinweg. An der Ecke der Kärnthnerstraße wandte er sich nochmals im Sattel um, aber aus den Fenstern sah Niemand, wie er vielleicht gehofft hatte, nur der alte Vater stand noch vor der Hausthüre und schaute ihm nach. Als der Sohn ver= schwunden war, hob er den Blick zur Kirche gegenüber, als wolle er den Segen des Herrn auf die weitere gefahr=

volle Reise für den Scheidenden erflehen, dann kehrte er langsam in das Haus zurück, wo er bereits die vernehmliche Stimme seines Weibes mit der Magd sprechen hörte, als sei gar nichts Besonderes vorgefallen. Ihm war das Herz schwer, er schloß sich bei seinen Rechenbüchern ein.

Der Hausknecht kam von einem Gange zurück, den er gleich nach der Abreise des jungen Riedl gethan hatte, da bemerkte er einen fremden Herrn, welcher zweifelhaft an allen Häusern der Annengasse emporblickte, als könne er das rechte, das er suche, nicht finden. Er fragte ihn dienstfertig danach und freute sich, als er ihm Bescheid sagen konnte: der Fremde suchte das Haus des Kaufherrn Riedl.

„Weißt Du vielleicht, wer außer seinen Leuten noch bei ihm wohnt?"

„O ja, Euer Gnaden, ich bin da auch in Diensten. Bei ihm wohnt kein Mensch, als seine Leute."

„Nicht eine junge Dame?" fragte der Fremde unangenehm überrascht. „Ein adeliges Fräulein, das bei der Frau Riedl in Pfleg' und Kost gegeben ist?"

„O das ist die Tani!" rief der Hausknecht. „Verzeihen's, Euer Gnaden, das gnädige Fräulein sollt' ich sagen, denn die Frau leid't's nicht, daß man anders spricht; aber weil das gnädige Fräulein gar so herzig gut ist, und wir sie Alle lieb haben, nennen wir's halt immer unter uns die Tani. Sie heißt aber Cajetana, Euer Gnaden."

„So heißt sie, ganz recht!" sagte der Fremde. „Sie ist also freundlich und gut gegen Euch!"

„Ach, und so lustig, wie ein kleines Vogerl! Singt auch so schön, daß Einem 's Herz lacht!"

Der Fremde sah bei dieser Schilderung sehr ernsthaft aus, ein schwerer Seufzer hob seine Brust. „Laß mich in das Haus," befahl er, „und melde Deiner Frau, es wolle sie Jemand sprechen. Ich lasse sie darum bitten," setzte er hinzu.

Der Hausknecht, von der vornehmen Kleidung des fremden Herrn und seinem absonderlichen Wesen aller Bedenklichkeiten überhoben, ließ ihn in das Haus und öffnete ihm hier die Stube zu ebener Erde, wo gewöhnlich Leute, welche zu dem Herrn in Geschäften kamen oder der Frau einen Besuch machen wollten, eingeführt wurden.

„Ich werde die Frau gleich rufen," sagte er und ließ ihn allein.

Frau Riedl mochte aber in ihrem Hauswesen, wo sie vom Boden bis zum Keller den Tag über unausgesetzt als gute Wirthin thätig war, nicht gleich zu finden sein, denn der Fremde mußte eine geraume Zeit warten. Er ging auf und ab, hatte die Arme über der Brust gekreuzt und blieb endlich stehen.

„Es ist besser so!" sprach er vor sich hin. „Ich will sie nicht sehen, ich habe nicht den Muth dazu."

Aber sein Entschluß sollte vereitelt werden, denn als er ihn eben gefaßt hatte, öffnete sich die entgegengesetzte Thüre, welche nach den übrigen Räumen des Erdgeschosses führte, und ein junges Mädchen von auffallend anmuthiger Erscheinung trat ein, das bei seinem Anblick betroffen stutzte und sich mit einer leichten Verneigung wieder entfernen wollte. Der Würfel war gefallen, er hielt es für Schickung und redete sie an.

„Habe ich die Ehre, das Fräulein Cajetana von Cronberg zu sehen?"

Ihr leuchtendes Auge richtete sich fragend auf ihn, und sie trat nun ganz ein, freundlich und hold, wie dem Fremden ihr Bild beschrieben worden war. „Ich bin Cajetana Cronberg," sagte sie, und die mädchenhafte Befangenheit, dem Unbekannten gegenüber, der ihren Namen genannt hatte, kämpfte in ihrem reizenden Gesicht mit der gespannten Erwartung, was er ihr eigentlich zu sagen haben werde.

Ein viel schwererer Kampf bewegte die Brust des Fremden, doch gab kein äußeres Zeichen davon Kunde, nur daß sein Auge mit einem räthselhaften Ausbrucke auf dem harmlosen und unschuldigen Kinde ruhte.

„Ich komme aus Ungarn, gnädiges Fräulein —" begann er.

„Von meinem Vater?" rief sie, und eine selige Freude verklärte ihr Antlitz, so daß es dem Fremden wie ein schmerzhafter Dolchstich durch das Herz ging und er all' seiner Manneskraft bedurfte, um nicht die Fassung zu verlieren.

„Ich habe die Ehre gehabt, mit Ihrem Herrn Vater in demselben Regimente zu dienen," sagte er und senkte sein Auge vor ihren strahlenden Blicken, die ihm weh thaten. „Ich bin Graf Karl Königsegg."

„Graf Karl Fidelis?" rief sie, aber eine leichte Schamröthe über ihr schnelles Wort färbte sogleich Wangen und Stirn bis in die braunen Locken hinauf. „Mein Vater hat oft von Ihnen gesprochen" —setzte sie zur Erklärung in höchster Verlegenheit hinzu. Doch faßte sie sich rasch; die Freude, von ihrem Vater zu hören, die Besorgniß, daß ihr vielleicht eine Verzögerung seiner Heimkehr drohe, da statt seiner ein Anderer zu ihr gekommen war, gaben ihr die Haltung zurück. — „Wann werd' ich meinen Vater sehen?"

„Das — weiß ich nicht!" antwortete er, und jedes Wort, das sie sprach, schien einen neuen, erschütternden

Gedanken in ihm zu wecken. Wie sollte er sagen, wann
für dies junge, blühende Mädchen die Stunde des Wie=
dersehens! — „Ich konnte mir bei meiner Anwesen=
heit in Wien nicht versagen, der Tochter meines tapfern
Waffengefährten mich vorzustellen, mich zu überzeugen,
ob sie in der Familie, wo sie ein Asyl gefunden hat, sich
glücklich fühlt — zufrieden ist —"

„Ach, so zufrieden! Alle sind gegen mich so gut, so
liebevoll!" sagte sie rasch, um nur das abzuthun und die
Nachrichten zu erhalten, nach denen ihr Herz, schmerzlich
berührt von der unbestimmten Antwort auf ihre Frage,
sich sehnte.

„Mein Vater kommt also noch nicht? Was hält
ihn ab? Ist er krank oder verwundet? Verschweigen Sie
mir nichts!"

„Er ist weder krank, noch verwundet" — antwortete
Königsegg in peinlichster Unsicherheit, wie er es möglich
machen solle, den vernichtenden Schlag auf dies junge,
unschuldige Kindeshaupt zu führen.

Da kam zu seiner Erlösung Frau Riedl eilig und
geräuschvoll in das Zimmer; der Hausknecht hatte ihr
gemeldet, daß ein fremder Cavalier sie zu sprechen wün=
sche, und sie war nur noch in ihre Kammer geeilt, um eine
bessere Haube aufzusetzen. Tief knixend stellte sie sich nun
dem Fremden vor, welcher bei ihrem Anblick leichter auf=

athmete. — „Der Herr Graf von Königsegg bringt uns
Nachrichten von meinem Vater," sagte Cajetana in ungestill=
ter Aufregung. „Er kann noch nicht kommen — ich hatte
mich schon so sehr gefreut an jedem Morgen!" Ihre Stim=
me kämpfte mit dem Weinen, ihr thränenschweres Auge
suchte immer wieder trostbedürftig das Antlitz des Boten,
dessen Name ihr kein fremder war.

Königsegg aber hatte sich ganz zu Frau Riebl ge=
wandt und sie gebeten, ihm ein paar Augenblicke zu schen=
ken, da er mit ihr im Auftrage des Herrn von Cronberg
zu sprechen habe.

„Euer Gnaden gehorsame Dienerin!" sagte Frau
Riebl mit einem neuen, noch tiefern Knix. „Der liebe
gnädige Herr wird also noch ausbleiben — wie Jammer=
schade! Ich hatte ihm schon das hübsche Zimmer, das er
bewohnt hat, wieder einrichten und sauber putzen lassen;
nun, so Gott will, dauert's ja doch nicht mehr lange!
Haben mir Euer Gnaden Befehle vom lieben gnädigen
Herrn zu bringen, so können Dieselben überzeugt sein, daß
ich Alles thun werde, Dero Zufriedenheit zu erlangen. —
Ach, ich sehe schon, Euer Gnaden! Es sind Geschäfte —
wollen Euer Gnaden mir die Ehre erweisen —?" Sie
machte eine Bewegung nach der andern Thüre, um ihn
einzuladen, in das Nebenzimmer zu treten.

Aber Cajetana kam ihr zuvor. „Ich will in Ge=

schäften meines Vaters nicht stören," sagte sie schnell.
„Wenn das geordnet ist, kehre ich zurück — ich habe ja
noch soviel zu fragen! Seien Sie mir nicht böse, Herr
Graf."

Er hatte keine Antwort, als eine tiefe, förmliche
Verneigung, welche kalt und fremd schien und sie vielleicht
verletzte, aber das Wort versagte ihm und erst, als sie sich
entfernt hatte, konnte er wieder frei athmen.

„Euer Gnaden haben ganz über mich zu befehlen,"
sagte Frau Riebl mit dem angenehmsten Lächeln, indem
sie dem Gaste einen Sessel bot. Er verschmähte ihn je=
doch und ging nun um so schneller zur Sache.

„Madame, ich komme mit einer sehr traurigen
Bothschaft," begann er. „Mir ist es unmöglich, sie dem
Fräulein mitzutheilen; ich muß es Ihnen überlassen, sie
darauf vorzubereiten und ihr dann so schonend, als es
Ihnen möglich ist —"

„Mein Gott!" fiel die erschrockene Frau ihm, da
er zögerte, in die Rede. „Der gnädige Herr ist doch
nicht —"

„Er ist wie ein braver Soldat den Heldentod ge=
storben," sagte Königsegg mit gedämpfter Stimme.

Sie schlug die Hände zusammen und starrte ihn,
aller Fassung beraubt, an. Wie sehr auch eine solche
Möglichkeit in dem Kriege, der gar viele Opfer gefordert,

seit Jahren schon hätte bedacht werden sollen, ihrer Seele hatte sie so fern gelegen, daß sie davon im ersten Augenblicke völlig betäubt war.

„Lange Zeit waren wir in Ungewißheit über sein Schicksal," fuhr der Graf fort. „Er war bei Zenta im Handgemenge, wo es am erbittertsten wüthete, von seinen Reitern, die er zum Angriffe geführt, noch gesehen worden, dann aber, als zum Sammeln geblasen wurde, nicht mehr. Wir nahmen an, daß er in Gefangenschaft gerathen sei, und hofften auf seine Befreiung, wenn nicht eher, doch beim Frieden. Nun aber, als Alle, die in Feindes Hände gefallen und noch am Leben waren, zurückkehrten, ist uns durch Reiter seiner Compagnie, welche drunter gewesen, die traurige Gewißheit gekommen, daß er von einer Kugel getroffen vom Pferde gestürzt und im Steigbügel hängen geblieben ist, von dem Rosse dann im wilden Lauf davon geschleift worden; die Reiter, von denen ich es erfahren habe, als Gefangene von den fliehenden Türken mit fortgeschleppt, haben wohl eine Stunde vom Schlachtfelde seine entseelte Leiche am Boden gefunden. Sie haben ihn fromm begraben wollen — aber die Türken aus Furcht, von der Verfolgung eingeholt zu werden, haben es nicht gestattet. Doch soll ihm, wie sie nachher gehört haben, von den nachsetzenden Husaren, die den kaiserlichen Offizier todt im Wege gefunden, ihn aber

freilich nicht gekannt, die letzte Ehre erwiesen, auch ein
hölzernes Kreuz gesetzt worden sein. — Ich erzähle Ihnen
das Alles, damit Sie davon dem Fräulein, so viel Sie
für gut halten, mittheilen können; sie wird, wenn sie erst
die schrecklichsten Augenblicke überstanden hat, alle Umstände genau wissen wollen. Und nun, Madame, lassen
Sie mich Abschied nehmen. Ich konnte mich der schweren
Pflicht nicht entziehen, die Nachricht vom Tode meines
alten Kameraden zu überbringen, da er mich stets seines
besondern Vertrauens gewürdigt hat, aber ich habe den
Muth nicht, der armen Tochter noch einmal vor die Augen zu treten, bis sie ruhiger geworden sein wird. Ihre
Klugheit wird schon den rechten Weg finden, wie Sie ihr
das Unglück, ohne sie ganz zu Boden zu schmettern, mit=
theilen können."

„Ach Du mein Gott, mein Gott!" jammerte Frau
Riedl. „Das soll ich thun! Gnädiger Herr, gehen Sie
noch nicht. Sie haben gewiß noch viel zu sagen —"

„Alles, was ich weiß und was für die Tochter von
Interesse ist, verspare ich mir auf ruhigere Stimmung."

„Aber mir, mir haben Euer Gnaden gewiß noch
etwas zu vertrauen. Der gnädige Herr wird doch — ich
meine, dem lieben herzigen Fräulein muß doch die Erb=
schaft nun zukommen — wie steht es damit?"

Königsegg fand diese Frage, wenn auch vielleicht

von der Fürsorge für das anvertraute Kind eingegeben, widerwärtig. Er fertigte sie kurz ab. „Was Herrn von Cronberg eigen ist, seine Papiere und was sonst, hat der Regimentsschultheiß unter Siegel genommen und mir ausgehändigt, als ich nach Deutschland ging," sagte er. „Ich werde es Ihnen noch heut' zur Ueberlieferung an das Fräulein senden. — Seine noch übrigen Rosse, so wie seine Kriegsrüstung gehören dem Aerar, das heißt, dem Kaiser."

„Euer Gnaden verzeihen, es ist pure Sorge um das liebe gnädige Fräulein! — Hat der selige Herr das Seinige zu Rath gehalten? Wird seine Tochter ihre gute Ausstattung und ihr anständiges Fortkommen in der Welt haben?"

„Ich kenne die Verhältnisse des Herrn von Cron= berg durchaus nicht," erwiederte der Graf.

„Aber was der Herr Regimentsschultheiß Denensel= ben übergeben hat — " versetzte Frau Riebl beunruhigt.

„Ist versiegelt, Madame!" entgegnete er. „Jeden= falls wird es nähere Aufschlüsse erhalten. Ich sende es Ihnen noch heute zu. Die Verwandten des Fräuleins werden die Sorge für Alles, was nöthig wird, die Vor= mundschaft und auch ihren fernern Aufenthalt, nun doch übernehmen."

„Du lieber Gott! Verwandte hat sie nicht mehr,

9*

wie mir der selige Herr, so lange er noch bei mir wohnte,
zu vielen Malen gesagt hat. Es soll zwar noch ein Graf
von Cronberg, der Allerletzte seines Stammes, in Fran-
ken und auch in Böhmen Herrschaften haben, aber der
selige Herr hat mit ihm keinerlei Verkehr gehabt und ist
auch, wie er glaubt, gar keine Verwandtschaft zwischen
ihnen gewesen. — Das arme Kind! Was wird nun aus
ihr werden! Ich hab' sie gehalten wie meinen Augapfel,
ich werde auch weiters für sie sorgen — mein Mann ist
in Geschäften und Erbangelegenheiten ganz zu Hause, der
wird schon Rath schaffen. Aber Euer Gnaden, in unser
geringes Haus kommen doch nicht vornehme Herren,
wenn's nicht eben in Geschäften ist, wie heute; so kann
das Fräulein ja gar keine Gelegenheit finden, sich ihrem
Stande gemäß zu verheirathen."

Sie dachte an nichts, als diese Dinge, von dem
Unglück und der Betrübniß, welche das nun verwaiste
Kind bedrohten, sprach sie kein Wort. „Stellen Sie das
Alles Gott anheim!" erwiederte Königsegg ernst. „Ich
bitte Sie nochmals, die Trauerkunde dem armen Mädchen
so schonend als möglich zu überbringen, doch dafür bürgt
ja Ihr weibliches Gefühl und Ihre Liebe. Wenn ich
Ihnen in irgend einer Weise helfen oder Auskunft ge-
ben soll, so lassen Sie es mich nur wissen." Er nahm
Abschied und entfernte sich mit klopfendem Herzen, wie

ein Verbrecher, aus dem Hause, weil er fürchtete, Ca=
jetana noch einmal zu begegnen.

Frau Riedl eilte nun, der großen Nachricht voll,
sogleich in die Schreibstube ihres Mannes, den sie wie
gewöhnlich mit Rechnungen und Handelsbriefen beschäf=
tigt fand. Es konnte nur ein außerordentliches Ereigniß
sein, das sie zu ihm führte, da sie sonst vor seiner Ge=
schäftführung doch einen gewissen Respect hatte.

„Denke Dir," rief sie, als sie sich überzeugt hatte,
daß er allein sei, „der Cronberg ist todt."

Er ließ vor Schreck die Feder fallen und ent=
färbte sich.

„Todtgeschossen oder zu Tode geschleift!" fuhr sie
fort. „Ein Graf von Königsegg war eben bei uns, es
zu melden. Was soll nun mit dem Mädel werden! Wir
haben unser Kostgeld vom letzten halben Jahr zu fordern,
und wer weiß, was sie uns damit für Umstände machen!
Wenn man nur wenigstens wüßte, was er hinterlassen
hat! Das ist nun Deine Sach', Anton! Der Graf wird
uns heut' noch Alles schicken, was die Regimentsgerichte
versiegelt haben; Roß und Rüstung, sagt er, gehört dem
Kaiser — ist das richtig? Du weißt's nicht! Der Mann
sitzt doch in seiner Schreibstube, wie mit Brettern verna=
gelt. Ob Geld sich gefunden hat, wollte der Graf nicht

verstehen oder nicht sagen. Wenn sich nun keins gefun=
den hat, Anton?"

„Laß doch nur gut sein, Sabinerl, wart's ab!"
rief er. „Das ist ja ein schreckliches Unglück! Was wird
sich das arme, liebe Kind grämen! Was macht sie?
Hast sie allein gelassen?"

„Sie weiß es noch gar nicht," antwortete sie.
„Aber ich muß es ihr sagen. Was kann's helfen? Sie
muß sich darein finden — wer in den Krieg geht, der
setzt sein Leben auf's Spiel. Das ist nun einmal nicht
anders."

„Sag's ihr vorsichtig, Mutter!" bat er. „Sie ist
nicht hart und roh, sie hat ein weiches Herz und war
immer so fröhlich. Ach, das wird nun ganz anders wer=
den. Nun wird sie nicht mehr so herzig singen."

„Wir können nicht unser Lebelang lustig sein — die
Sonne kann nicht alle Tage scheinen!"

„Wenn das der Franzl wüßte! Er ritt so traurig
fort, es wurd' ihm so schwer, grad' als ob's ihm ahnte,
daß ihr ein Unglück begegnen müßte, wenn er nicht da=
heim bliebe. Ich wollt', er wäre hier."

„Red' mir nicht so dumm! Was soll er hier? Wird
er sie trösten, daß sie ihren Vater verloren hat? Denk'
lieber d'ran, was nun werden soll. Sie muß einen Vor=
mund haben, der ihr Bischen verwaltet. Wenn es ist,

wie ich wohl glaube — denn der Herr von Cronberg war sicherlich ein reicher Mann! — könntest Du nicht Vormund werden? Ich weiß nicht, ob es angeht, da sie doch von altem, vornehmen Adel ist. Sie hat aber keine Verwandte, wenn nicht der Graf, von dem der Herr von Cronberg manchmal sprach, sich dazu bekennt. Dem müßte es doch wohl gemeldet werden?"

"Wir wollen uns das Alles überlegen, Mutter. Erst aber müssen wir doch dem armen Fräulein die Sache vorsichtig beibringen, damit sie es nicht von Andern erfährt und sich selber zum Tode erschrickt! Wir wollen zu ihr gehen."

"Du bleib'! Das werd' ich schon allein thun! Du bist viel zu weichmüthig — wenn sie Dich sieht, wie Du schon da sitzest, so weiß sie gleich, daß Du ihr einen Jammer bringst. Ich werde gleich mit ihr reden."

Der Alte wiederholte seine Bitte, daß sie recht vorsichtig verfahren möge, und sie bedeutete ihn, daß sie seiner Ermahnung nicht bedürfe. Cajetana suchte sie unterdessen im ganzen Hause; sie hatte die Entfernung des Grafen Königsegg erfahren und begriff nicht, daß er gegangen war, ohne sie noch einmal zu sprechen, da er ihr doch eigentlich gar nichts von Allem, was sie wissen wollte, gesagt hatte. Bange Befürchtungen waren über sie gekommen, sie rief sich seine kargen Antworten, sein ganzes Betragen zurück. Da fand sie endlich ihre Pflegemutter, welche aus der im Hintergrunde gelegenen Schreibstube ihres Mannes kam.

„Was hat Graf Königsegg gesagt?" rief sie. „Er hat gewiß schlimme Nachrichten gebracht."

„Ich werde Ihnen Alles erzählen," sagte Frau Riebl, „kommen Sie nur herein — hier auf dem Gange können wir nicht stehen bleiben. Sie haben mich gesucht? Kommen Sie nur, kommen Sie."

„O sagen Sie es doch gleich, was Sie wissen!" rief Cajetana beängstigt; aber sie wurde nicht erhört, sondern mußte in das Zimmer folgen, wo Frau Riebl zu ihrer Bestürzung gleich den Riegel verschob.

„Was thun Sie?" fragte sie beklommen.

„Es ist nur, damit uns Niemand stört," erklärte Frau Riebl. „Ich bitte Sie, Fräulein Cajetana, ängstigen Sie sich doch nur nicht. Wie es der liebe Gott einmal bestimmt hat, kommt es doch, da können wir schwachen Menschenkinder nichts dagegen thun. Wenn wir uns bei einem Unglück, das uns trifft, gleich zu Tode grämen wollen, so haben wir nur den Schaden davon und es wird doch nicht anders. Also ergeben Sie sich nur darein."

„Um Gotteswillen, was soll das heißen?" rief Cajetana in höchster Angst. „Was wollen Sie damit sa-

gen? Hat Ihnen Graf Königsegg von meinem Vater
etwas Schlimmes erzählt?"

„Ja, liebes Kind, es ist nun einmal nicht anders.
Sie sind vernünftig, das weiß ich. Sie sind ein Soldatenkind — das muß immer daran denken, daß es draußen um Tod und Leben geht!"

Cajetana erbebte, sie war tödtlich erblaßt, ihre zit-
ternde Hand suchte nach einem Halt an dem Sessel, neben
welchen sie stand — keiner weitern Frage mächtig starrte
sie nur mit verdunkeltem Auge auf die Sprecherin, welche
den Eindruck ihrer Worte wohl sah, aber nicht zu mildern
suchte, da Alles nach ihrer Meinung überstanden werden
mußte, mochte es auch noch so schlimm sein.

„Nun, ich wußte es ja, Sie sind vernünftig, Kind,"
fuhr sie fort. „Sterben müssen wir Alle einmal und der
Soldat am ehesten." — Hier erschrack sie aber doch selbst,
denn Cajetana schwankte und sank, ehe sie ihr zu Hülfe
kommen konnte, in sich zusammen, so daß sie ihre Stirn
hart auf die Lehne des Sessels schlug.

Laut aufschreiend stand ihr Frau Riedl bei und
wollte sie aufheben, aber Cajetana war bewußtlos, tod-
tenbleich ihr liebliches Antlitz, die schönen Augen wie gebrochen. Zu unvorbereitet hatte der furchtbare Schlag
des Schicksals ihr kindlich frohes und vertrauendes Herz
getroffen.

Frau Riebel rief nach Hülfe; zufällig war auch der
Vater in der Nähe, den es nach der traurigen Nachricht
nicht mehr bei seinen Rechnungen gedulbet hatte; er eilte
herbei, fand aber die Thüre verschlossen und konnte erst
nach mehrmaligem Rufen Einlaß erhalten, da seine Frau
völlig die Fassung verloren hatte. Ihn selbst drohte sie
ebenfalls zu verlassen, als er beim Eintritt Cajetana am
Boden liegen sah.

„Rufe nur Leute! Hole Wasser! Sie stirbt mir
unter den Händen!" klagte die Frau.

Leute kamen, der Schreiber, die Magd — Cajetana
wurde nach ihrem kleinen Zimmer getragen, man be=
sprißte sie mit Wasser, der Schreiber wurde nach einem
Arzt geschickt; ehe dieser jedoch eintraf, hatte sich die
Ohnmächtige bereits erholt, und Frau Riebl entfernte
Alle, um mit ihr allein zu bleiben.

Sie fühlte, troß ihres herben Sinnes, das tiefste
Mitleid mit dem armen Kinde, das allem Trost unzu=
gänglich, kein anderes Wort hatte, als daß es den Vater
mit herzzerreißendem Tone rief; dabei war ihr Auge
trocken und starr, keine Thräne wollte es linbernd be=
nezen. Was auch Frau Riebl ihr sagen mochte, jede
Liebkosung, jede Verheißung blieb fruchtlos; sie wußte
sich keinen Rath mehr und dankte Gott, als endlich vor

der Thüre die Stimme ihres Mannes halblaut die An=
wesenheit des Arztes verkündigte.

Der Arzt trat ein — Cajetana sah ihn mit einem
starren Blick an; sie ließ es geschehen, daß er ihre Hand
nahm, ihren Puls untersuchte, und schloß die Augen, als
er in ihren Zügen forschte. Er war bereits unterrichtet,
was vorgefallen war, und wußte, daß seine Kunst hier
nichts thun konnte; er rieth leise, die Arme in Ruhe zu
lassen und nicht durch Bemühungen zu quälen, welche
doch vergeblich sein müßten — die Zeit müsse das Beste
thun, sobald sie nur erst weinen könne. Symptome einer
Krankheit habe er nicht bemerkt, bei der Jugend des
Mädchens sei auch nicht zu befürchten, daß sie in eine
solche fallen werde. Vielleicht könne ihr geistlicher Zu=
spruch von Nutzen sein, dazu müsse er am ersten rathen.

Frau Riebl fand sich nun wieder gestärkt; sie schickte
nach dem Beichtvater, und bis er kam, blieb sie allein bei
Cajetana, jedoch ohne sie weiter mit ihrem Troste, der
doch nicht verfing, zu belästigen. Sie setzte sich so, daß
sie das bleiche Gesicht mit den gramvoll gespannten Zü=
gen nicht sehen konnte, sie hätte auch den Kampf der ge=
quälten Brust, der nur zu vernehmbar an ihr Ohr schlug,
nicht hören mögen — denn wozu half das! Indessen
mußte doch, wie sie sich selbst wiederholte, Alles über=
standen werden. Der geistliche Herr ließ nicht lange auf

sich warten, und als er eintrat, überließ ihm Frau Riedl
erleichterten Herzens die Sorge und ging, sich mit ihrem
Gatten über die nächsten Schritte für Cajetana zu berathen.

Zu thun war freilich nicht eher etwas, als bis sich
die Verhältnisse überschauen ließen, was doch wohl durch
die Papiere des Herrn von Cronberg zu hoffen stand.
Indessen hatte Frau Riedl als eine praktische Frau bereits einige Möglichkeiten in's Auge gefaßt; es war ein
Mittel gewesen, sie am Bette Cajetana's von dem Lau-
schen auf jeden Seufzer, das sie selbst krank zu machen
drohte, zu zerstreuen.

„Setze den Fall, Anton," sagte sie zu ihrem Gatten, als sie bei ihm wieder frei Athem holen konnte, „der
Verstorbene habe ein bedeutendes Vermögen hinterlassen,
so ist es Deine Sache, Dir die Verwaltung dieses Ver-
mögens, die immer viel abwirft, nicht entgehen zu lassen —
mag ihr auch von den Standesgerichten ein noch so vornehmer Vormund gesetzt werden. Ich denke, sie werden
uns auch das Fräulein nicht wegnehmen, da sie der Vater
uns doch einmal anvertraut hat und Cajetana sich wohl
befindet; man wird sie doch wenigstens fragen, und ich denke
nicht, daß sie sich von uns hinweg sehnt. Was meinst Du?"

„Es wird doch wohl ein Testament vorhanden sein,"
äußerte der Gatte.

„Das sag' ich ja! Wenn Du nichts weiter vorzu=
bringen weißt, als meine Worte zu wiederholen, so thust
Du klüger, zu schweigen." Er sah sie fragend an, denn er
konnte sich durchaus nicht erinnern, daß sie schon von ei=
nem Testamente gesprochen habe. „Freilich macht ein ge=
wissenhafter Hausvater sein Testament, und der Herr von
Cronberg, dem alle Tage im Kriege sein Stündlein schla=
gen konnte, hat gewiß auch ein Testament hinterlassen.
Nun, das werden wir ja heut' lesen, wenn uns der
Herr Graf die Papiere schickt."

„Lesen?" fragte Herr Riedl erstaunt. „Heute
lesen?"

„Ja, lesen! Was verwundert sich der Mann, als
ob ich böhmisch gesprochen hätte?"

„Aber das Fräulein wird doch wohl heute nicht im
Stande sein —?"

„Eben darum und weil sie noch ein Kind ist, das
sich nicht zu rathen weiß, müssen wir für sie sorgen."

„Das Testament aber wird gar nicht dabei, wird
bei den Gerichten deponirt sein!"

„Das wäre sehr gewissenlos von dem Herrn von
Cronberg, das kann ich ihm nicht zutrauen, sein Kind so
lange in Ungewißheit zu halten, wie es eigentlich steht.—
Und der Herr Graf wäre auch kein Freund, wenn er es
nicht den Gerichten abgefordert und mitgebracht hätte!

Ist es aber nicht dabei, so wird doch wenigstens in den andern Papieren zu lesen sein, wie es aussieht. Denn wir müssen auch den Fall setzen, daß er nichts hinterlassen hat — denke Dir den Fall einmal, Anton."

„Ach, trautes Sabinerl, wollen's doch abwarten," bat er. „Was ängstigst Du Dich?"

„Abwarten! Daß uns dann die Sache über den Hals kommt und wir in der Verlegenheit nicht aus, noch ein wissen, dumme Streiche machen! Ich kenne Dich schon. Besser ist es immer, wir bedenken es uns vorher. Nun sage mir, was soll mit ihr geschehen, wenn der Vater kein Vermögen hinterlassen hat?"

Auf diese gefährliche Frage zögerte der Gatte, Antwort zu geben, wie sein gutes Herz sie bereit hatte. Er wurde dessen überhoben durch den Eintritt des Geistlichen, welcher von Cajetana kam und berichtete, daß sie nach Frau Riebl verlange, nachdem sie dem Troste der Religion demüthig ihr Herz erschlossen habe.

Siebentes Capitel.

Cajetana.

Graf Königsegg hatte die Papiere, welche ihm als dem zuverlässigsten Ueberbringer bei seiner Rückreise in die Heimath von dem Regimentsgericht anvertraut worden waren, nicht bei sich gehabt, als er den schweren Gang unternahm, Cronberg's Tochter von ihrem Unglücke zu benachrichtigen. Es war ein ziemlich starkes Packet, das er, in seine Wohnung zurückgekehrt, seinem Diener zur Bestellung übergab, mit dem ausdrücklichen Befehl, dasselbe nur Herrn Riebl zu eignen Händen zu überliefern, den er überdies in einem kurzen Billet um einen Empfangschein bat. Zweifel, ob er auch Recht gethan, das ihm anvertraute Pfand einem Dritten auszuhändigen, und es nicht lieber aufzubewahren, bis die Tochter im Stande sein würde, dasselbe von ihm in Empfang zu nehmen, bewegten seine Seele; er war noch nicht darüber beruhigt, als er einen Besuch erhielt, der ihn freute. „Nur gleich herein!" sagte er dem Diener, der ihn anmeldete.

„Grüß' Gott, Max!" rief er dem Eintretenden entgegen.

„Willkommen in Wien, Graf Karl!" erwiederte dieser herzlich, indem er die dargebotene Hand drückte. „Ich war eben von einer Streife zurückgekehrt, als ich erfuhr, daß Sie angekommen seien."

„Eine Streife mitten im Frieden?" fragte Königs= egg lachend.

„Ja, auf Friedensstörer," erwiederte Max. „Es war von dem Hofjagdamt eine Bande von Schnapphäh= nen und Wilddieben gemeldet worden, die mit unglaubli= cher Frechheit ihr Wesen in der Nähe der Hauptstadt, ja im kaiserlichen Thiergarten treiben solle, und der Obrist= jägermeister erbat sich vom Stadtcommandanten ein Piket Dragoner, das zur Unterstützung der Jagdbedienten in der Nachbarschaft auf die Dörfer eingelegt werden sollte. Das habe ich commandirt."

„Und ein Paar eingefangen hoffentlich? Oder gar ein Gefecht bestanden, Blut vergossen, wie bei Szlanka= ment?"

„Nichts von Allem. So weit auch meine Drago= ner umhergestreift sind durch Feld und Wald am Ge= birge, haben sie nichts Verdächtiges angetroffen oder höchstens ein Paar arme Schelme von Weinbauern auf= gegriffen, die man gleich wieder laufen ließ. Jetzt ist nun Alles still geworden und ich habe Befehl erhalten, wie= der einzurücken. Der Hauptmann der Bande soll er=

schossen sein, wie ich höre, worauf der Rest abgezogen ist."

Königsegg hieß den jungen Offizier sich zu ihm niedersitzen und schenkte Wein ein, welchen der Diener aufgetragen hatte. Er sagte ihm, daß für seine Wünsche Alles geschehen sei, indem Graf Trautson bereits den römischen König für ihn interessirt habe und somit einer Versetzung mit Vortheil zu dem Dragoner-Regimente des Prinzen von Savoyen wohl nichts im Wege stehen werde.

Riedau dankte dem Grafen mit soldatischer Grabheit, die sich nichts vergibt. „Es ist nur für uns, die wir auf Sattel und Degen angewiesen sind, schlechte Zeit jetzt," äußerte er, „da nun wohl auf den langen Krieg ein ewiger Friede folgen wird. Darum wünsche ich eben, zu Savoyen-Dragoner versetzt zu werden, weil dies Regiment, dem Sieger von Zenta gehörig, doch gewiß vor einer Reduction sicher ist?"

„Sie können ganz außer Sorge sein, lieber Riedau," entgegnete Königsegg. „Weder eine Reduction des Regiments Savoyen-Dragoner ist zu befürchten, noch ein ewiger Friede."

Riedau blickte gespannt auf. „Auch Dero Frau Mutter sagt das."

„Wenn die Gräfin Francesca das sagt, so können

Sie sich darauf verlassen!" erwiederte Königsegg. „Meine
Mutter hat einen seltenen Scharfblick für kommende Be-
gebenheiten. — Für Sie habe ich noch eine Neuigkeit,
welche Ihnen vielleicht weniger schmerzlich sein wird, als
einem armen Mädchen, dem ich sie heute bringen sollte:
Cronberg ist todt."

„Cronberg?" rief Max überrascht, und sein Ton
ließ zweifelhaft, welchen Eindruck diese Nachricht auf ihn
machte. Königsegg erzählte, auf welche Weise die Gewißheit seines Todes erst so spät zum Regiment gelangt
war, und fügte hinzu, daß ihm die traurige Pflicht auferlegt worden sei, diese Nachricht seiner Tochter zu
bringen.

„Hat er eine Tochter?" fragte Riedau. „Sieht sie
ihm ähnlich?"

„Nein," antwortete Königsegg. „Sie ist ein schönes
Mädchen." Er berichtete, wo er sie aufgesucht und gefunden habe, und daß es ihm nicht möglich gewesen sei, ihr
die Botschaft ihres Unglückes selbst zu sagen.

Riedau's Züge verriethen jetzt einigen Antheil. „Sie
ist bei Bürgersleuten?" fragte er verwundert.

„Herr Riedl soll ein angesehener Kaufmann sein,"
erwiederte der Graf. „Cronberg hat mir einmal, als wir
auf einem Zuge lange Zeit neben einander ritten, davon
erzählt, wie er die Tochter bei seinen Wirthsleuten ge-

laſſen habe, wo ſie gut aufgehoben ſei; er habe keine
Verwandten mehr, als einen alten Namensvetter von dem
älteſten Zweige, der nun der letzte Graf Cronberg ſei,
wie er der letzte von der jüngern Linie. Der Graf wolle
aber nichts von der Verwandſchaft wiſſen."

„Der Tochter wird er ſich ſchon annehmen," ſagte
Max.

„Man ſollte es denken," erwiederte der Graf. „Sie
ſcheint zwar, wie ihr Vater auch meinte, wirklich gut
aufgehoben, denn die Frau Niedl ſprach von ihr mit
großer Zärtlichkeit und aller Standesrückſicht, nur forſchte
ſie mir etwas zu eifrig nach dem Vermögen, das Cron=
berg hinterlaſſen habe —"

„Hat er Etwas hinterlaſſen?" fragte Riedau, wie=
der die Stirn runzelnd. „Ich dachte immer, wie gewon=
nen, ſo zerronnen."

„Ich weiß darüber nichts. Seine Habe, ſo weit ſie
nicht nach dem alten Kriegsgeſetz dem Aerar verfiel, und
ſeine Papiere hatte das Regimentsgericht, ſobald er aus
der Schlacht nicht zurückgekommen war, verſiegelt und
jetzt mir bei meiner Heimreiſe zur Aushändigung an die
Tochter übergeben, was zwar, wie mir geſagt wurde,
nicht ganz in der geſetzlichen Form ſein ſoll, aber der
Kürze wegen, da man es draußen im Felde nicht ſo ge=
nau nimmt, geſchah. Ich habe Alles ſo eben hingeſendet."

10*

Damit endigte dies Gespräch. Riedau lenkte wieder
auf die allgemeinen Angelegenheiten an, von deren Ent=
wickelung er das Heil seiner Zukunft, eine ruhmvolle
Kriegerlaufbahn, hoffte. Nur beim Abschiede, als grade
der Diener, welchen Graf Königsegg im Wagen nach dem
Riedl'schen Hause gesandt hatte, zurückkam und einen in
aller Form unterschriebenen und untersiegelten Empfang=
schein in die Hand seines Herrn legte, äußerte Riedau,
noch einmal auf das abgebrochene Gespräch kommend:
„Seine Tochter muß nun auch bei Fremden sein, wie
meine Schwester Anna. Ich wünsche, daß es ihr eben
so gut gehen möge."

Der Graf dankte für dies seiner Stiefmutter ge=
spendete Lob, war aber etwas zweifelhaft, ob sie es in
Bezug auf Fräulein von Riedau in so vollem Maße
verdiene. —

Es hatte in der kleinen Sanct=Annengasse nicht ge=
ringes Aufsehen gemacht, als ein Wagen mit adeligem
Wappen bei dem Hause des Herrn Riedl vorfuhr und ein
Diener in Livree ein großes umschnürtes und versiegeltes
Stück Gepäck hineintrug. Der Hausherr, welcher ent=
gegen kam, ließ dasselbe in der untern Stube absetzen,
wo seine Frau mit neugierigen Blicken die Entfernung
des Dieners kaum erwarten konnte; dieser überreichte
Herrn Riedl noch ein dickes, ebenfalls stark versiegeltes

Päckchen, das er aus der Tasche zog — das waren die Papiere. Herr Riedl steckte sie ein, hieß den Diener, den er mit ruhiger Würde behandelte, einen Augenblick warten, und begab sich in seine Schreibstube, um den Empfangschein für den Grafen auszustellen. Seine Frau benutzte den Moment, um den Diener auszufragen; dieser war jedoch nicht mit seinem Herrn zu Felde gewesen und konnte daher auf keine ihrer Fragen Auskunft geben. Als endlich ihr Gatte zurückgekehrt war und der Bote des Grafen Königsegg sich draußen wieder in den Wagen, der auf ihn wartete, gesetzt hatte, rief sie, ganz roth vor Aufregung: „Nun werden wir ja sehen. Wo hast Du die Papiere?"

„Ich habe sie einstweilen verschlossen. Das arme Kind wird noch nicht fähig sein —"

„Wir aber, wir!" unterbrach sie ihn ungeduldig. „Darauf wollen wir doch nicht warten. Uns geht es mehr an, als sie. Wir sind ihre Pfleger, ihre natürlichen Vormünder — sie wird uns danken, daß wir ihr die Qual ersparen. Am Ende findet sich Manches darin, was für sie gar nicht taugt — wer kann das bei einem Soldaten wissen? Steh' nicht da, wie ein Oelgötz, sondern geh' und hole es."

„Aber, Binerl!" rief er und konnte sich von seinem Erstaunen gar nicht erholen. „Du willst doch nicht das

Siegel erbrechen, fremde Papiere lesen, die Geheimnisse eines Verstorbenen —"

„Freilich will ich das, und ich habe das Recht da= zu! Vor dem Mädchen werde ich es schon verantworten, vor Dir brauch' ich es nicht. Also geh' ohne weitere Um= stände und mach' mich nicht böse."

„Nein, Bienerl," sagte er sanft. „Das kann Dein Ernst nicht sein."

„Ich sag' Dir, ja! Willst Du etwa gar Deinen eignen Kopf haben? Gleich geh'!"

„Nein, Binerl!" wiederholte er sanft, aber fest. „Das thu' ich nicht und kann ich nicht. Es wäre gegen mein Gewissen."

Sie stand wie versteinert und maß ihn nur von Kopf zu Füßen mit einem Blicke, vor dem er sich hätte fürchten können. Er aber fühlte in diesem Momente vor sich selbst eine wahrhaft feierliche Hochachtung, daß er einen Muth gefunden, den er sich noch vor einer Stunde niemals zugetraut hätte, und dies Gefühl stärkte ihn auch, den Sturm zu überstehen, der nicht lange mehr säumte. Es ist eine alte Wahrheit, nur der erste Schritt kostet etwas. Der erste Schritt war gethan. Er hatte sich ge= weigert, den entschieden ausgesprochenen Willen seiner Frau zu thun, und setzte dem Ausbruch ihres Zornes nun einen heroisch duldenden Widerstand entgegen. Sie

brach endlich in Thränen aus; er weinte mit ihr, aber sie
konnte ihn auch durch diese noch härtere Prüfung nicht
bewegen, ihr die Papiere auszuliefern, selbst nicht, als sie
ihm versprach, die Siegel unversehrt zu lassen und sie
nur Cajetana zu überbringen, welche sie für vollkommen
stark genug hielt, alle weitern Nothwendigkeiten zu tragen.
Als Frau Riebl endlich sah, daß sie keine Hoffnung hatte,
ihren Willen durchzusetzen, überfiel sie plötzlich eine un=
bestimmte Furcht, es könne um ihr Regiment im Hause
gethan sein, wenn ihr Mann Geschmack daran finde, den
Standhaften gegen sie zu spielen; sie verließ ihn daher
schnell, mitten in einer gerührten Stimmung, und ging,
ohne ihm ein Wort von ihrer Absicht zu sagen, zu ihrem
Pflegekinde hinauf.

Cajetana saß, ein Bild der tiefsten Niedergeschlagen=
heit, in ihrem Zimmer. Alle ihre Kraft schien gebrochen,
der Blitz aus heiterm Himmel hatte sie zu zermalmend
getroffen. Sie saß in gebeugter Haltung, das Haupt in
die Hand gestützt, mit bleichen Wangen und reich von
Thränen benetzten Augen, die sich nur einen Moment
mit schmerzlichem Ausdrucke auf die Frau richteten, wel=
che zu ihr eintrat, dann aber wieder trostlos zu Boden
sanken.

„Grämen Sie sich nicht so sehr, Fräulein," sagte
Frau Riebl, auf welche dieser Anblick einen ruhestörenden

Eindruck machte. „Das kann ja zu gar nichts helfen und macht sie selber nur krank."

Cajetana hatte keine Antwort, sie fing bitter an zu weinen.

„Ja, wenn Sie gar nicht auf mich hören wollen, so bin ich überflüssig. Ich wollte Ihnen weitere Nachrichten bringen —"

„O sagen Sie nur! Was wissen Sie noch?" bat Cajetana, von dieser Aussicht ergriffen, mit erstickter Stimme. Frau Niebl hatte ihr schon erzählt, was sie von dem Grafen Königsegg über die nähern Umstände des Todesfalles erfahren hatte; sie schien aber noch mehr zu wissen, und die Thränen der Tochter stockten bei dieser Aussicht.

„Hier sind die Sachen Ihres Herrn Vaters angekommen — seine Papiere, vielleicht Briefe an Sie!"

„Wo sind sie?" rief Cajetana und streckte die Hand aus.

„Mein Mann hat Alles in Verwahrung genommen; er glaubt, Sie würden noch nicht im Stande sein, Alles das zu sehen und Briefe von der Hand des Seligen zu lesen —"

„O ich bin stark genug für Alles!" rief Cajetana mit bebender Stimme. „Was kann mir noch geschehen?"

„Das glaubt mir aber mein Mann nicht," ent=
gegnete Frau Riedl. „Ich wollte Ihnen die Briefe wenig=
stens bringen — aber er meint, Sie würden das noch nicht
ertragen können, und hat sie eingeschlossen."

„Geht zu ihm, liebe gute Mutter," bat Cajetana
flehentlich, „sagt ihm, ich sei stark, ich müßte meines
Vaters letzte Worte haben!" Sie faßte die Hand der al=
ten Frau und zitterte so heftig, daß dieser vor einem Rück=
fall der Ohnmacht bange wurde. „Ich bitte Euch, geht!"
wiederholte sie nochmals.

„Kommen Sie mit herunter, Fräulein — schütteln
Sie nicht den Kopf! Sie haben meinen Mann noch nicht
gesehen, seit es geschehen ist, und er hat so sehr Ihret=
wegen geweint. Einmal muß es doch sein; kommen Sie,
sagen Sie es ihm selbst, daß Sie die Briefe haben wollen;
er gibt sie Ihnen gleich, und dann wollen wir Alles ruhig
berathen."

„Ich kann nicht!" erwiederte Cajetana, von Neuem
in Schmerz ausbrechend. „Ich kann keine fremden Men=
schen sehen — die Leute im Hause — Vater Riedl —
Niemand!"

Eine Weile ließ sie Frau Riedl gewähren, dann
sagte sie: „Wenn Sie denn durchaus nicht wollen, so soll
Ihnen mein Mann die Briefe heraufbringen. Anders geht
das nicht. Er ist ein gewissenhafter Mann. Die Sachen

sind ihm vom Herrn Grafen zugeschickt worden, damit er
sie Ihnen selbst übergeben soll, und er hat darüber quittirt.
Ich werde es ihm also sagen. Aber fassen Sie sich nun
auch ein Bischen; wenn er Sie so findet, so machen Sie
ihm ein zu großes Herzeleid — Sie wissen ja, wie gut er
es mit Ihnen meint."

Cajetana konnte darauf nichts erwiedern, und Frau
Riedl, ihre Einwilligung voraussetzend, eilte nun zu
ihrem Gatten, um ihn zu benachrichtigen, daß das Fräu=
lein nach Allem gefragt habe, und als sie gehört, daß die
Papiere ihres Vaters bereits im Hause seien, dringend
nach ihnen verlange; sie lasse ihn bitten, ihr dieselben zu
bringen. Sie wolle ihn sprechen.

Der Alte fürchtete sich vor diesem Wiedersehen,
konnte sich ihm aber nicht mehr entziehen, und bat nun
seine Frau zu deren großem Triumphe, ihn nicht allein
gehen zu lassen, wie sie sich den Schein gegeben hatte,
sondern ihn hinauf zu begleiten. Er war jetzt nahe daran,
sie zu bitten, daß sie nur selbst die Papiere überbringen
und ihn zurücklassen möge. Sie sah ihm das vielleicht an,
als er dieselben aus ihrem Verschluß geholt hatte und zö=
gernd in der Hand hielt.

„Siehst Du — wenn ihr klüger sein wollt, als eure
Frauen!" sagte sie. „Du hättest Dir einen sauren Gang
und dem armen Fräulein viel Thränen ersparen können,

wenn Du mir gleich Alles gegeben hätteſt. Es war ja na=
türlich, daß ſie gleich danach verlangen würde. Nun mag
ich's gar nicht mehr thun, da mein eigener Mann denkt,
ich könne aus Neugier fremder Leute Siegel erbrechen und
ihre Geheimniſſe ſtehlen."

Er bat ſie kleinlaut, nicht böſe zu ſein, und ging dann
bangen Herzens mit ihr hinauf in Cajetana's Zimmer,
wo ſeiner ein herzerſchütternder Augenblick harrte. Nie
hätte er geglaubt, daß ſich ein junges, fröhliches Mädchen,
deſſen Gegenwart ihm immer eine wahre Erquickung ge=
weſen war, in wenigen Stunden ſo verwandeln könne. Sie
empfing ihn zwar, wie Frau Riedl bemerkte, in einer
Faſſung, die ſie nicht von ihr erwartet hatte, aber ſchon
bei dem erſten Worte, das er ſprach, ging dieſe Faſſung
wieder verloren und mit einer leidenſchaftlichen Haſt be=
mächtigte ſie ſich der Papiere, welche er ihr nun, faſt
eben ſo faſſungslos als ſie, reichte. Sie ſetzte ſich damit
auf ihr Bett, ſie ſtarrte mit verwildertem Blick auf die
breite Aufſchrift von der Hand des Auditors, welche den
Namen ihres Vaters angab, und ſuchte dann mit zitternder
Hand eins der Siegel zu erbrechen.

„Ich werde Ihnen helfen, liebes Fräulein," ſagte
Frau Riedl. — „Laß uns nur allein, Vater. Nicht wahr,
Fräulein, er kann uns nichts mehr dabei thun? Geh' nur,
Vater. Du ſiehſt ja, es iſt beſſer."

„Ich danke Euch sehr —" sagte Cajetana mit innigem, leisem Tone und reichte ihm die Hand. Er entfernte sich, tief bewegt. Wie sehr hätte sie gewünscht, daß auch ihre Pflegemutter ihn begleitet und sie ganz allein gelassen hätte, aber sie hatte den Muth nicht, es auszusprechen. Frau Riedl konnte den auffordernden Blick ihres Mannes nicht übersehen haben, dennoch wich sie nicht von der Stelle. Sie hatte ja ein Recht darauf, zu erfahren, wie Alles stehe.

Da konnte Cajetana dem heißen Verlangen nicht mehr widerstehen; sie hatte zuerst gezögert, theils in der unbewußten Scheu, die uns ahnungsvoll vor dem Schleier des Verhängnisses die Hand, welche ihn lüften will, fesselt, theils in der Hoffnung, daß man ihr gönnen werde, ohne Zeugen dies letzte, theure Vermächtniß zu eröffnen. Nun aber erbrach sie die Siegel schnell und löste die Hülle. Viele Papiere, verschieden zusammengebrochen, einige alt und vergelbt, die meisten neu von Ansehen, fielen auf ihren Schooß. Die Augen der Frau Riedl sprangen förmlich in ihren Höhlen vor Erwartung, ihre Hände zuckten unwillkürlich vor Lust, mit zuzugreifen. Aber Cajetana hatte auf dem ersten Blatt schon die Handschrift ihres Vaters erkannt, und das gab ihr Kraft, sich vor dem fremden Blicke, der ihr in diesem Moment unerträglich fiel, zu schützen. Ihr war es wie eine Entweihung, daß

sich eine Dritte zwischen sie und die letzten Worte ihres
Vaters drängen wollte. Ueberdem hatte sie, durch ihre
Pflegemutter im höchsten Grade verwöhnt, im Hause bisher nur einen leisen Wunsch zu äußern gebraucht, so war
er mit Eifer erfüllt worden. Jetzt wollte sie Frau Riedl
aber durchaus nicht verstehen, als sie einen solchen an-
deutete, bis sie mit innigem Tone zwar, aber doch nicht
mehr abzulehnen, bat, diese Schriften ganz einsam lesen
zu dürfen.

„Einsam!" wiederholte Frau Riedl verletzt, indem
sie aufstand. „Es ist Ihnen nicht gut, daß Sie einsam
sind — und unter den Schriften werden Sie Manches finden, was ich, die mehr Erfahrung in der Welt hat, Ihnen
erklären könnte. Indessen aufdrängen will ich mich dem
Fräulein nicht — des Menschen Wille ist sein Himmel-
reich."

„Liebe, gute Frau Riedl, seid mir nicht böse —"

„Böse bin ich keinem Menschen! Sie werden mich
schon selbst wieder rufen. Ich wünsche, daß Sie recht viel
Gutes finden mögen." So verließ sie das Zimmer, von
der brennenden, unbefriedigten Neugier gequält, in welche
sich hier noch ein anderes Gefühl mischte: die Ungewißheit über Cajetana's Lage, von der soviel auch für sie, die
Pflegerin, abhing.

Cajetana entfaltete zitternd das erste Blatt, das sie

noch in der Hand hielt; sie hatte nur ihres Vaters starke
Schriftzüge erkannt, noch kein Wort gelesen. Es war aber
nichts in dem Blatte enthalten, was sie befriedigt hätte —
was hier geschrieben stand, ging sie gar nichts an, und
Frau Riedl mochte wohl Recht haben, daß sie Manches
finden werde, aus dem sie ohne Erklärung nichts heraus-
lesen könne. Was sollte sie unter diesen „Observations-
Punkten vor die kaiserlichen Völcker zu Roß" verstehen?
Es war von Dingen aus dem Kriege darin die Rede.
Sie legte das Blatt weg und nahm ein zweites, das war
aber von einer fremden Hand geschrieben und enthielt nur
Ziffern. Mehrere andere waren zwar von ihrem Vater,
aber ähnlichen Inhalts, wie das erste, auch eine lange
Liste von lauter Namen — es war die Musterrolle seiner
Reiter-Compagnie — und Cajetana zitterte schon, daß sie
gar nichts finden werde, was von dem Gedächtniß ihres
Vaters für sein Kind spreche. Da fiel ihr unter den ältern, schon gelb gewordenen Blättern ein seltsames Papier
in die Hand, auf dem sie las: „Du hast mich um das
Meinige gebracht — falle ich, so müssen meine Kinder
betteln gehen; sorge wenigstens für sie, wenn Du kannst,
damit es Dir nicht an Deinem eigenen Kinde vergolten
werde. Das ist mein Testament." Die Unterschrift war
so unleserlich verzogen, daß sie durchaus nicht zu entziffern
war. Cajetana fühlte sich in ihrer Stimmung durch diese

räthselhaften Worte von unbekannter Hand noch mehr er=
schüttert. An wen konnten sie gerichtet sein? An ihren
Vater?! Unmöglich! Wie fand sich das Blatt aber un=
ter seinen Papieren? Von wem war es geschrieben? Sie
legte es nicht wieder zu den andern, welche sie schon durch=
forscht hatte, sondern steckte es in ihr Busentuch, als wolle
sie es theuer aufbewahren, wie ein gefährliches Docu=
ment. In wachsender Betrübniß suchte sie weiter; oft
mußte sie inne halten, weil die stets reicher emporquellen=
den Thränen ihren Blick verdunkelten, daß sie nicht lesen
konnte; sie fühlte sich so verlassen und unglücklich, daß sie
zu sterben wünschte! Ihr Haupt neigte sich, sie sank zu=
rück und ruhte eine lange Weile in dumpfer Hingebung
an ihren Gram, bis sie wieder Kraft gewann, ihre For=
schungen fortzusetzen. Ein Wort, einen Gedanken an sein
fernes Kind in der Heimath mußte sie doch finden! Es
konnte ja nicht sein, daß der Vater im wilden Kriege sie
ganz vergessen habe. Da fand sie einen Brief von ihrer
eigenen Hand. Sie hatte ihn vor sechs Jahren geschrie=
ben, da sie noch ein Kind war; ein Freund ihres Vaters —
sie wußte nur seinen Namen nicht mehr oder hatte ihn
auch gar nicht gehört — hatte sie damals aufgesucht und sie
aufgefordert, ihm einen Brief an den Vater mitzugeben,
da er von Ungarn nur auf eine kurze Zeit herein beur=
laubt sei und wieder zurückkehre; sie erinnerte sich dessen

noch sehr genau, auch daß sie den Brief, so gut es sie da=
mals gekonnt, mit besonderer Sorgfalt geschrieben habe.
Den fand sie nun hier wieder, er war also sicher an ihren
Vater gelangt, und sie weinte bitter über die eigenen kin=
dischen Worte, die ihm so viel über ihre kleinen Erleb=
nisse erzählten und ihn wohl zehnmal baten, nur recht,
recht bald wieder zu kommen. Der Vater hatte den Brief
so gut aufgehoben, und doch seiner Tochter kein anderes
Zeugniß seines Gedenkens hinterlassen! Sie suchte ver=
gebens, sie fand unter viel fremden Schriften, die sie kaum
eines Blickes würdigte, noch Manches von seiner eigenen
Hand, aber es waren nur Blätter voll unverständlichen
oder für sie völlig gleichgültigen Inhalts, weil sie nichts
als Angelegenheiten seines Kriegsdienstes betrafen. Drei=
mal fing sie ihre Nachforschungen wieder von vorn an,
und als sie sich endlich der Gewißheit, daß sie vergeblich
gewesen, nicht mehr verschließen konnte, war ihre Kraft,
welche in dieser Spannung nur überreizt, nicht gestählt
worden war, dahin.

Frau Riedl, welche bald wieder nach ihr zu sehen
kam, fand sie gebeugter, hülfloser als zuvor. Sie hörte
von ihr, daß sie in all' diesen Papieren, welche nach der
letzten Durchsicht zerstreut um sie her lagen, kein einziges,
das an sie gerichtet sei, gefunden habe, und auf die Frage,
ob andere wichtige Aufschlüsse, welche doch zu erwarten

gestanden, darin enthalten wären, zuckte Cajetana nur mit
der Hand nach der Brust, wo sie das räthselhafte Blatt
des Vorwurfs verborgen hielt, und machte eine abwehrende,
verneinende Bewegung.

„Der Herr Vater muß doch gar nicht daran gedacht
haben, daß ihm etwas Menschliches begegnen könne,"
äußerte Frau Riebl. „Sonst würde sich doch eine Anordnung für sein zeitliches Gut gefunden haben — ja, Du
lieber Gott, Fräulein, das ist nicht so abzuweisen, das ist
gar wichtig in der Welt, davon hängt zu viel ab, Glück
und Elend! Ich denke aber, es wird sich noch ein Testament vorfinden. Die Gerichte können ein so wichtiges
Ding nicht aus den Händen geben, ich habe es mir gleich
gedacht. Wir müssen noch einmal mit dem Herrn Grafen
von Königsegg davon sprechen; mein Mann soll zu ihm
gehen, in Geschäften versteht er seine Sache, Sie können
sich ganz auf ihn verlassen."

Bei dem Worte Testament hatte Cajetana wiederum
an das verhängnißvolle Blatt denken müssen, das sie
verborgen auf dem Herzen trug: es war ja auch das
Testament des unbekannten Schreibers genannt worden.

„Hier sehe ich doch viele Zahlen stehen!" fuhr Frau
Riebl fort, deren scharfen Augen mehrere mit Ziffern
und Rechnungen beschriebene Papiere nicht entgangen waren. „Habe ich es Ihnen nicht gleich gesagt, daß Sie sich

unter all' dem verwickelten Geschreibe nicht würden zurecht finden können? Dazu gehören Augen, die mit Geschäften Bescheid wissen. Sie sollten meinem Manne Alles
übergeben, daß er genau nachsieht, was sich vorgefunden
hat."

Cajetana bat sie erschöpft, die Papiere mitzunehmen,
wenn sie es für gut hielte.

„Blos für gut? Nöthig ist es, daß wir auf's
Reine kommen!" sagte Frau Riedl, indem sie zufrieden
sämmtliche Schriften in Beschlag nahm. „In den Tag
hinein leben darf man nicht, man muß wissen, was man
vor sich hat. Ich trage Alles meinem Manne hinunter
und komme bald wieder zu Ihnen. Essen Sie unter der
Zeit, ich habe Ihnen wieder etwas hergesetzt. Sie ver-
schmähen Alles, das geht nicht, Sie müssen sich zwingen,
etwas zu genießen. Du lieber Himmel, Sie sind noch so
jung, die traurige Zeit wird schon vorübergehen, dann
kommen wieder frohe Tage."

Cajetana sah ihr nach, als könne sie in ihrem Leben
nicht wieder froh werden. Das ist die Jugend, in welcher
die Gefühle viel stärker sind, aber ebenso sehr auch dem
Wechsel unterworfen.

„Hier, Anton!" sprach Frau Riedl, ihrem Gatten
das ganze ansehnliche Pack von Schriften, das sie trug,
auf den Tisch legend. „Du mußt Dich schon einmal auf

eine Stunde von Deinen Arbeiten losmachen, das hier ist
wichtiger. Sie schickt Dir alle Papiere, Du sollst Ord=
nung hinein bringen. Ein Testament, wie ich gleich sagte,
hat sich nicht vorgefunden, das werden die Gerichte noch
haben; kann auch sein, er hat gar keins gemacht, denn
das Soldatenvolk lebt nur, wie die Fliegen, von einem
Tage zum andern und kümmert sich nicht um den näch=
sten Morgen. Wenn kein Testament da ist, schadet es
auch nichts; der Mann hat nur das einzige Kind, da
kann es keine Streitigkeiten um die Erbschaft geben; er
hätte vielleicht im Testamente noch allerlei Bestimmungen
gemacht, die uns nicht gefielen, und so haben wir ganz
freies Spiel mit ihr. Nimm Dir also die Feder hinter
dem Ohre vor, setze Dich d'ran — ich will Dir helfen,
daß wir's erst ordnen — so viel verstehe ich auch."

„Du bist selbst ein Advocat, Sabinerl, das weiß
ich," erwiederte ihr Mann. „Aber laß mir nur Zeit, ich
werde schneller allein fertig. Das Fräulein soll bald
wissen, was hierin enthalten ist."

Er ging an das Werk, und die Frau, welche An=
fangs bleiben wollte, um das Resultat abzuwarten, konnte
die Gründlichkeit, mit welcher er verfuhr, nicht länger
als zehn Minuten aushalten. „Rufe mich, wenn Du
fertig bist," sagte sie ungeduldig, indem sie sich anschickte,
das Zimmer zu verlassen.

„Das werde ich thun, Binerl; komm aber auch nicht eher," bat er, und als sie gegangen war, schob er phlegmatisch den Riegel der Thüre vor, um für alle Fälle gesichert zu sein. Sie kam auch wirklich zweimal und war entrüstet, die Thüre versperrt zu finden, mußte sich aber bei dem wiederholten: „Noch nicht!" beruhigen. Endlich ließ er sie ein und sagte, ihrer haftigen Frage entgegen kommend: „Es ist nichts vom Vermögen zu finden, Sabine. Kein Wort. Da liegen alle Papiere, nach dem Datum und nach der Materie geordnet; ich habe einen kurzen Index darüber aufgenommen und sie, wie sie zusammen gehören, mit einem Faden geheftet. Hier sind erstens Kriegs= und Dienstsachen —"

„Das mag ich nicht wissen," unterbrach ihn seine Frau in großem Unmuthe. „Ich frage bloß nach der Erbschaft!"

„Davon ist hier gar nicht die Rede. Ich vermeinte immer, er habe sein Geld irgendwo auf gute Zinsen ausgeliehen, etwa auf Liegenschaften, oder er habe es einem sichern kaufmännischen Hause in Rechnung übergeben, darüber müßten Documente vorhanden sein. Es ließe sich auch denken, daß er sein Baares, wie Soldaten oft zu thun pflegen, in die Kriegscassa zu sicherer Aufbewahrung ad depositum gelegt habe, item so müßte eine Quittung des Kriegszahlmeisters darüber ausgestellt sein. Wo finbet man die? Ein dritter denkbarer Casus wäre, daß er nach einer schlechten Soldatensitte, in Gold oder Pretiosen seine fahrende Habe an seinem Körper in der Kleidung getragen; das wäre schlimm, denn somit wäre Alles in die Hände des türkischen Raubgesindels gefallen, das den Verunglückten ausgeplündert hat. Ein vierter und der allerschlimmste Fall könnte sein, wenn er gar nichts besessen hätte."

„Du bringst mich mit Deiner Ruhe um den Verstand!" rief die Frau. „Zählt er das nicht so schläfrig her, als habe er einen Sack voll Klammern zu berechnen! Es ist also nichts da, gar nichts. Denn wenn er Geld ausgeliehen und keine Quittung hat, oder wenn's ihm die Türken vom Leibe gestohlen haben, so ist es fort, so gut, als hätte er's niemals gehabt — das versteht eine Kohlenfrau, dazu braucht man nicht in die Schule gegangen zu sein. Schaffe mir nur Gewißheit, dann werde ich schon wissen, was ich zu thun habe."

„Gewißheit zu schaffen, wird sehr schwer sein," sagte er bedächtig: „Doch habe ich mir Alles schon überlegt. Wegen des Testaments ist eine Anfrage an das Regimentsgericht zu thun, und ich werde deshalb noch eine Rücksprache mit dem Herrn Grafen von Königsegg nehmen, der vielleicht als ein Commilito des Verstorbenen darüber etwas weiß. Etwa ausgeliehene Capitalien, posito, daß sie an rechtliche Leute gekommen sind, könnten durch ein Proclama ermittelt werden. Eine kaiserliche Kriegscassa würde Depositengelder nicht abläugnen. Denen Türken die etwa beim Plündern der Leiche gemachte Beute wieder abzufordern, dürfte freilich unmöglich sein."

Sie lachte bitter und verächtlich. — „Und wie lange wird das dauern?" rief sie. „Sollen wir warten, bis alle die Anfragen und Austrommelungen fertig sind und bis dahin unser Geld für das fremde Mädel, das uns nichts angeht, zusetzen?"

„Sabine!" entgegnete er über ihre Ausdrucksweise erschrocken. „Wie sprichst Du denn auf einmal von dem gnädigen Fräulein, das Du bisher bei jeder Gelegenheit Deinen Augapfel genannt hast?"

„Das habe ich auch gethan und werde es noch thun, wenn Alles sich glücklich anstellt. Freilich wär's auch ungeschickt, wenn wir jetzt rasch zu Werke gingen und hinterher fände sich doch, daß sie eine reiche Erbschaft gemacht hätte. Das wäre ja, um sich die Haare vor Aerger auszuraufen! Sage mir nur, wie lange es dauern kann, bis man Alles erfährt?"

„Ja, wer kann das sagen!" erwiederte er. „Dann hab' ich auch gedacht, ob nicht der alte Soldat, dessen hübsche Tochter einmal hier bei uns war, weißt Du? ob der nicht, da er doch beim Herrn Rittmeister von Cron=

berg in Dienften geftanden hat, etwas von feinen Um=
ftänden wiffen follte."

„Mann, das ift gefcheit!" rief Frau Sabine, auf
einmal ganz freundlich. „Das ift kurz von der Hand ab=
gemacht. Schade, daß der Franz nicht hier ift, fag' ich
jetzt auch. Der könnte gleich nach Meidling hinausgehen
und anfragen."

„Ich werde es fchon auch thun," entgegnete er. „Ich
habe gemeint, erft geh' ich zum Herrn Grafen und hole
mir dort meinen Befcheid, und dann frag' ich in Meidling
an. Der Franz, freilich! Was wird der fagen, wenn er
heimkommt und hört, was dem armen Fräulein wider=
fahren ift. Mutter, es wäre vielleicht ein Troft für fie
gewefen, wenn er hier geblieben wäre."

„Nun, er kommt ja wieder" — fagte die Mutter,
von einem auffallend mildern Geifte bewegt. „Wer weiß,
wie Alles noch fich fügt. Siehft Du, Anton — fo lange
der Vater noch lebte, mußten wir auf den Stand und die
Geburt des Fräuleins halten und keine Kinderein zugeben
oder gar begünftigen, denn was wär' das Ende davon ge=
wefen? Der Herr von Cronberg hätte uns fein Töchter=
chen mit Schimpf und Schanden abgenommen und in fei=
nem Leben nicht zugegeben, daß die Cajetana einen Bür=
gersfohn heirathete, und wenn fie gedroht hätte, um ihn
in die Donau zu fpringen. Darum mußte auch der Franz

fort, das ging nicht anders. Nun aber — wenn sich Keiner um das Mädchen kümmert und kein Verwandter etwas hinein zu sprechen hat, so könnten die jungen Leute doch noch zusammen kommen. Es hat manch' vornehmes Fräulein schon in eine ehrbare Bürgerfamilie geheirathet und ist glücklich geworden."

„Ach, wenn sich das so fügen wollte," sagte der Vater, „das wär' ja meine größte Freude auf der Welt. Ich hab' das Fräulein lieb, wie mein eignes Kind, und der Franz, glaub' ich, könnt' an gar keiner Andern mehr ein Gefallen finden."

„Nun schaff' nur erst Sicherheit, wie Alles mit ihr steht. Zieh' Dich fein sauber an, wenn Du zum Herrn Grafen gehst — ich werde Dir einen frischen Halskragen herlegen und den neuen, braunen Rock ziehst Du mir an, hörst Du? Den Stock mit dem silbernen Knopf! Der Thürsteher weis't Dich sonst ab. Ich werde Dir unterdessen das Wägerl nach Meidling bestellen, damit Du nicht lange zu warten brauchst."

Achtes Capitel.

Eine Schwester.

Heiß brannte die Sonne auf dem Straßenpflaster, als Herr Riebl in seinem besten Sonntagsstaat die Wanderung nach dem gräflich Königsegg'schen Hause antrat, in welchem er den Grafen Karl, obgleich er nicht der Senior des Geschlechts war, sondern nur ein jüngerer Sohn des verstorbenen Reichsgrafen Leopold Wilhelm, zu finden hoffte. Mit den Verhältnissen wenig vertraut, wußte er nicht, daß der Aelteste des Hauses seiner Stiefmutter das Gartenpalais in Gumpendorf allein überlassen hatte, weil er selbst gar nicht zu Wien anwesend war, und für seine Brüder, insofern sie nicht bereits ihren eigenen Hausstand gegründet hatten, das weitläufige Gebäude in der Stadt, welches die Familie besaß, Raum genug bot, wenn sie gelegentlich, wie Karl Fidelis, auf einige Zeit nach Wien kamen. Herr Riebl machte daher einen vergeblichen Gang. Als er im Schweiße seines Angesichts die Pforte des Gartenpalais erreicht hatte, wurde ihm bedeutet, daß der Herr Graf, nach dem er gefragt, vor einer Stunde zwar hier gewesen sei, daß er aber in der Stadt wohne.

Der alte Mann trocknete sich das Gesicht ab und
setzte etwas niedergeschlagen über den weiten Weg, der
ihm bevorstand, den Hut wieder auf, welchen er höflich
vor dem gräflichen Diener gezogen hatte. Da trat eben,
aus den Gartenanlagen kommend, ein junger Mann mit
einer Dame hinzu und hörte, wie der Diener dem Frem=
den über das Königsegg'sche Haus in der Stadt Bescheid
sagte. „Ob Ihr den Herrn Grafen finden werdet,"
fügte er bei, „ist freilich ungewiß. Dieselben haben bei
Dero Anwesenheit immer viel Geschäfte und sind erst
kürzlich aus Ungarn heimgekehrt."

„Suchen Sie den Grafen Karl Königsegg?" fragte
der junge Mann, welcher mit seiner Begleiterin, einer
kleinen, verwachsenen Dame, von dem fremden Manne
fast zu ehrerbietig gegrüßt wurde.

„Ja, Euer Gnaden," antwortete Riedl. „Der Herr
Graf beehrten mich in meinem Hause, um einen Todes=
fall, der Jemand bei mir anging, selbst zu vermelden,
und ich habe mit Denenselben noch in Geschäften des=
wegen zu reden."

„Sie sind der Kaufmann Riedl?" fragte der junge
Mann.

„Euer Gnaden kennen mich?" entgegnete der
Alte verwundert, indem er eine tiefe Verbeugung machte.

„Der Graf hat mir erzählt, welche traurige Nach=

richt er in Ihr Haus zu bringen hatte" -- sagte der junge
Mann, und seine kleine, verwachsene Begleiterin, deren
Augen einen lebhaften, wenn auch nicht eben freundlichen
Antheil verriethen, nahm das Wort: „Fräulein von
Cronberg lebt bei Ihnen?"

„Ach, das arme, gnädige Fräulein!" erwiederte
Riebl. „Euer Gnaden können sich wohl denken, wie sie
durch den plötzlichen Tod ihres Herrn Vaters getroffen
worden ist. Haben Euer Gnaden den Herrn Rittmeister
von Cronberg gekannt?"

„O ja!" antwortete die Dame mit einem eigen-
thümlich schneidenden Tone.

„Dann werden Dieselben auch den Gram der armen Tochter gerecht finden! So ein lieber, freundlicher
Herr! Gegen alle Menschen gefällig, und so freigebig gegen die Armuth! Euer Gnaden verzeihen, daß ich Denenselben lästig falle."

„Sie haben für Fräulein von Cronberg Geschäfte
abzumachen?" entgegnete die Dame, ohne auf seine Lob-
sprüche einzugehen.

„Ich halte es für meine Schuldigkeit, da das arme
Fräulein keinen Verwandten hat, der sich ihrer annimmt
und ihr annoch von Gerichtswegen kein Vormund gesetzt ist."

Offenbar wollte die Dame noch mehr fragen, aber

ihr Begleiter verhinderte sie daran. „Wir halten Herrn
Riebl auf, Anna," sprach er. „Ich wünsche, daß Sie
Ihre Geschäfte bald in Ordnung bringen mögen."

Er zog den Hut von seinen schwarzen Locken, die er
kurz geschnitten trug, und führte die Dame, welche Riebl's
ehrfurchtsvollen Gruß nur leicht und vornehm erwiederte,
mit sich fort. Der alte Mann konnte nicht umhin, wäh=
rend er den sanft abfallenden Weg vom Hause hernieder
stieg, seine Betrachtungen über das ungleiche Paar an=
zustellen; der junge Herr so schön und freundlich, und
die Frau dagegen mit der hohen Schulter und den bösen
Augen in dem kupferrothen Gesicht! Verwandt konnte sie
doch nicht sein, er hatte sie aber bei Vornamen genannt!
Vielleicht wußte Fräulein Cajetana von ihnen, da sie
ihren Vater gekannt hatten, er konnte nur jetzt nicht mit
ihr von solchen Dingen sprechen.

„Warum ließest Du mich nicht mehr erforschen?"
fragte die Dame, als sie mit ihrem Begleiter in ihrem
Zimmer angekommen war. „Ich dächte doch, es wäre für
uns Beide von Wichtigkeit."

„Was soll es uns noch helfen, Anna?" entgegnete
der junge Mann freundlich.

„Wenn eine Möglichkeit wäre, wieder zu dem uns
geraubten Gelde zu kommen?"

„Wie sollte das möglich sein? Königsegg weiß nicht, ob der Verstorbene überhaupt Etwas hinterlassen hat."

„Was weiß Königsegg!" rief sie ungeduldig. „Und was kümmert sich ein Königsegg, der im Ueberfluße lebt, um Andere! Du aber, Max, Deine Schuldigkeit wäre es wohl, Dich um diese Angelegenheit etwas näher zu küm= mern. Dir ist aber das Schicksal Deiner Schwester sehr gleichgültig."

„Welcher Vorwurf, Anna! Hab' ich Dir Ursache gegeben, an meiner Liebe zu zweifeln?"

„O ja!" erwiederte sie. „Du hast sie mir nie mit der That bewiesen. Schöne Worte helfen mir nichts."

„Aber Anna! Was soll ich thun? Was habe ich bisher thun können?"

„Daß Du so fragst, ist eben der sicherste Beweis, daß Du nie an mich gedacht hast. So lange Cronberg noch lebte, war Gelegenheit genug, ihn zur Rede zu stel= len, das Unsere von ihm zu fordern —"

„Vergißt Du, daß ich unserm Vater versprochen habe, das niemals zu thun?"

„Ein unnatürliches Versprechen, gar nicht zu for= dern und nicht zu leisten! Aber das nicht allein! Wo An= dere heimgekehrt sind aus dem langen Kriege mit uner= meßlichen Schätzen an Gold und Edelsteinen, von den Türken, die Alles mit in's Feld schleppen, so leicht zu

erbeuten, kommst Du allein wieder, so arm und bloß,
wie Du ausgezogen bist, kann daß Du Pferd und Sat=
tel Dein eigen nennst."

„Schwester!" rief Max unwillig erröthend. „Ha=
ben Andere sich bereichert, so bin ich kein Freibeuter. Ich
bedarf nichts."

„Du bedarfst nichts," erwiederte sie bitter, „und
Deine Schwester kann das Gnadenbrod essen bis an ihr
Ende."

Er faßte ihre Hand, aber sie zog sie heftig zurück.
„Denkst Du, daß ich es lange ertragen werde, die Magd
dieser hochmüthigen Italienerin zu sein, von allen Leuten
geringschätzig behandelt und verspottet, dies elende Da=
sein zu führen? Es nagt an meinem Leben, es zehrt
mich auf!"

„Geliebte Schwester!" rief Max ergriffen. „Ich
habe keine Ahnung gehabt, daß Du Dich hier unglücklich
fühlst!"

„Das glaube ich Dir! Du hast wohl nie mein
Glück oder Unglück bedacht!"

„Aber die Gräfin ist doch so freundlich, so liebevoll
gegen Dich — ich habe nur Worte der Achtung über Dich
gehört —"

„O, wenn Du zugegen bist oder wenn irgend ein
Mann sie beobachten kann, wie hold und lieb ist sie da!

Unfreundlichkeit macht ja häßlich — das siehst Du an
mir! Soll ich zufrieden sein, daß sie nicht schilt und
zankt? das sie eine gewisse Schonung zur Schau trägt,
die mich beleidigt? Ja, sie ist freundlich gegen mich,
sogar wenn wir Beide allein sind, ich gebe Dir auch das
zu. Aber jeder Ton, jedes Wort läßt mich meine Ab=
hängigkeit fühlen, eben weil sie mich schonen will. Und
das ist es, was ich nicht tragen kann, was mein Tod
sein wird. Ich will meine eigene Herrin sein, will befeh=
len können, ein selbständiges Loos haben, mag es auch
noch so dürftig sein. Das schaffe mir, Max, ich habe
ein Recht, es von Dir zu fordern!"

„Welches Opfer wäre mir zu groß dazu!" rief er,
von ihren leidenschaftlich aufgeregten Worten bestürzt.
„Aber sage selbst, wie soll ich das erringen? Ich besitze
nichts, Du hast ganz Recht. Ich habe wenig Aussichten,
auch nur soviel zu erlangen, daß ich Dich bitten könnte,
mit mir zu hausen."

Sie lachte bitter auf. „Ach nein, Max! So ist es
nicht gemeint. Mit Dir zu hausen, Dir in Aermlichkeit
die Wirthschaft zu führen, habe ich nicht im Sinn. Und
wärest Du Inhaber eines Reiter=Regiments, das Dich
zum reichen Mann machte, hättest Du die Erbin eines
Fugger oder Liechtenstein geheirathet, niemals würde ich
zu Dir ziehen. Du sollst mir ein Loos ganz für mich

allein schaffen. Ich halte es hier nicht länger aus.
Schweig still, ich weiß schon Alles. Du willst nicht
an das Werk gehen.

„An welches Werk?" fragte Max, dem vor ihren
stechenden Blicken immer unheimlicher wurde.

„Der Cronbergerin ihres Vaters Unrecht vor Augen zu rücken! Sie ist noch jung, im bürgerlichen Hause
aufgewachsen, sie kennt die Welt und das Leben nicht.
Sie muß ihres Vaters Verschuldung wieder gut machen — daran wird ihr kein Zweifel in die Seele kommen.
Das ist der Weg, den ich Dir zeige, aber Du hast den
Muth nicht, ihn zu betreten."

„Nein, Schwester, diesen Muth habe ich wirklich
nicht! Es wäre der Muth eines Räubers! Ich habe unserm Vater versprochen, die unglückliche Sache auf ewig
ruhen zu lassen — unterbrich mich nicht! So und nicht
anders habe ich mein Wort verstanden. Ich bin ein Edelmann und werde es halten."

„Gut!" sagte Anna mit kurzem, scharfen Tone, in
welchem ein Seelenkundiger wohl den unheilvollsten Entschluß hätte vernehmen können.

„Ueberdem," fuhr Max ruhig werdend fort, „ist
es mehr als ungewiß, ob ihr Vater auch soviel hinterlassen hat, daß die Tochter, ohne selbst in Elend zu gerathen, der Forderung, welche Du aussprachst, gerecht wer-

ben könnte. Königsegg war darüber sehr zweifelhaft. Sie würde aber auch gar nicht dazu befugt sein, da sie nicht mündig ist. Wahrscheinlich wird ein Namensverwandter, ein Graf Cronberg, der auf seiner Herrschaft in Böhmen lebt, die Vormundschaft übernehmen müssen — Königsegg sprach von ihm, und es scheint mir auch wahrscheinlich, besonders da er unverheirathet sein soll —"

„Er setzt sie vielleicht gar noch zu seiner Erbin ein!" bemerkte Anna beißend.

„Ich will nur sagen," erwiederte Max, „daß der Vormund, mag es nun Graf Cronberg oder ein Anderer werden, nimmer zugeben wird, daß Ansprüche, die wäh= rend ihrer Verwaltung erhoben würden —"

„Du sprichst wie das Gesetzbuch," unterbrach sie ihn von Neuem; „ich beuge vor Deiner Weisheit und werde für mich selbst sorgen."

„Wie kränkst Du mich, Anna, durch solche Re= den!" entgegnete er sanft. „Ich muß Deine Vorwürfe tragen — verdient habe ich sie nicht. Heut' zum Erstens male erfahre ich, daß Du Dich in der Freistatt, welche Du hier gefunden hast, unglücklich fühlst; hätte ich es früher geahnt, würde ich längst auf Mittel und Wege gesonnen haben, Dir ein anderes Loos, ganz nach Deinen Wünschen, zu bereiten. Daß ich jetzt, arm und ohne feste Stellung, rathlos bin, nicht sogleich einen Ausweg zu

finden weiß, solltest Du mir nicht zur Last legen. Gönne
mir Zeit."

„So viel Du willst. Ich werde Dich nicht mehr
belästigen."

Er schwieg, aber ein tiefer Seufzer aus seiner Brust
bewies, welche Gefühle diese Aeußerung seiner Schwester
in ihm weckte, und nicht lange währte es mehr, so griff
er nach Hut und Degen, um sich zu entfernen. Sie hielt
ihn nicht auf, auch milberte sie ihr Betragen durch kein
freundliches Wort, sondern entließ ihn eiskalt. —

Herr Riebl kehrte ganz unverrichteter Sache und
völlig erschöpft nach Hause zurück, in nicht geringer Be=
sorgniß, daß die Schuld, den Grafen nicht gefunden zu
haben, ihm aufgebürdet werden könnte. Das war aber
zu seiner angenehmen Ueberraschung nicht der Fall; seine
Frau bedauerte ihn sogar, daß er die weiten Wege um=
sonst gemacht habe, und tröstete ihn auf Meidling, wo er
vielleicht bessere Auskunft erhalten werde, als ihm der
Graf habe geben können. Der Einspänner stand schon
bereit; Herr Riebl wurde nur in aller Eile durch einen
kleinen Imbiß gestärkt, dann mußte er auf seine zweite
Entdeckungsreise hinaus. Er war aber selbst begierig dar=
auf, nun durch ein recht schönes Ergebniß in der Achtung
seiner Frau zu steigen. Cajetana wußte nichts von seinen
Bemühungen, wie ihm versichert wurde, doch sollte sie

etwas gefaßter als am Morgen sein, wo ihre Betrübniß
immer am tiefsten war. Sobald er den Wagen bestiegen
hatte, kehrte Frau Riedl, die ihm noch eine Menge Fra=
gen an den gewesenen Diener des Herrn Cronberg ein=
geschärft, in das Haus zurück und begab sich nun an i h r
Geschäft. Sie hatte sich nämlich vorgenommen, ohne
weiter um Erlaubniß zu fragen, den großen Ballen, wel=
cher die nachgelassenen Effekte und vielleicht noch man=
ches Andere enthielt, zu öffnen und dadurch einige Ein=
sicht in den Stand der Dinge zu gewinnen. Cajetana war
ja außer Stande, für sich selbst zu handeln und zu den=
ken, auch mußte es sie namenlos angreifen, sich mit die=
sen Dingen, welche nur ihren Schmerz von Neuem auf=
regen würden, zu beschäftigen: es war also Pflicht ihrer
Pflegerin, ihr diese traurigen Geschäfte abzunehmen.
Mit scharfem Küchenmesser schnitt daher Frau Riedl die
Schnüre durch, welche den Ballen, der in grobe Zeltlein=
wand gepackt war, zusammen hielten, und machte sich
ohne Scheu vor dem amtlichen Siegel daran, diese zu
beseitigen. Der guten Wirthin kam das Geschäft vor, wie
ein echtes Einschlachten. Als sie den Ballen nun geöffnet
hatte, fiel der Inhalt bunt durcheinander. Das war eine
Unordnung, wie sie eben nur von Männerhänden beim
Zusammenpacken verursacht werden konnte! Hätte Frau
Riedl, als ihr der Gatte den Inhalt der Papiere mit=

12*

theilen wollte, welche er vermeintlich auf Cajetana's
Wunsch geschichtet, Geduld gehabt, ihn anzuhören, so
würde sie sich jetzt eine große Mühe erspart haben. In
jenen Papieren war auch das vollständige, amtlich be=
glaubigte Inventarium der vorgefundenen und in dem Bal=
len verpackten Stücke enthalten gewesen. Indessen hat das
Geschäft des Durchsuchens und Besichtigens unbekannter
Besitzthümer für Frauen immer einen gewissen Reiz, der
die Mühe überwiegt, und Frau Riedl ging unterdessen
an's Werk, wobei sie manche halblaute Bemerkung, nicht
eben beifälliger Art, machte. Sie fand hier eine „wü=
ste, liederliche Soldatenwirthschaft, wie sie mehrmals
vor sich hin murmelte. Wenig Leibwäsche — die Stücke
nicht zu einander passend, viele schauderhaft geflickt,
manche zerrissen; dafür ein Paar schlechte, türkische Tep=
piche, welche den meisten Raum einnahmen; eine Men=
ge, nach ihrer Meinung unnützen Gerümpels, darunter
zwei zusammengeklappte Feldstühle, dann ein Leuchter,
ein kleiner Kreuz und einige Messer und Löffel — das ein=
zige von Werth: ein silberner Becher. Frau Riedl trat
von dem Chaos, das sie zu ihren Füßen ausgebreitet
hatte, zurück und schüttelte mit großem Mißmuthe den
Kopf. War das die ganze Verlassenschaft, das die Ein=
richtung eines kaiserlichen Rittmeisters von vornehmer
Geburt? Sie wußte, was Herr von Cronberg mitge=
nommen hatte; bei seinem Ausmarsch hatte sie, da sie

sein Vertrauen besaß, einpacken helfen, ihm manchen gu=
ten Rath gegeben und nebenbei genau beobachtet, was er
in Kisten und Felleisen auf seinen Wagen unterbringen
ließ: das war sehr stattlich gewesen. Und von all' dem als
Rest dieser Bettel? O, da mochten wohl viel ungewaschene
Fäuste zugegriffen und sich um sein Eigenthum getheilt
haben, ehe die Regimentsgerichte die Hand mit dem Sie=
gel darauf legen gekonnt! Es widerte Frau Riebl an,
den wüsten Haufen von Zeug einigermaßen ordentlich
wieder zusammen zu packen; sie hatte nur den silbernen
Becher herausgenommen, über das Andere warf sie die
Zeltleinwand und ließ Alles am Boden liegen, bis ihr
Mann zurück gekehrt sein würde — der konnte dann das
Weitere besorgen. Unmuthig verließ sie die Kammer, in
welcher der Ballen zur Aufbewahrung niedergelegt wor=
den war, und schloß sie zu. Jetzt war es ihr nicht mög=
lich, zu Cajetana herauf zu gehen; sie schickte die Magd,
um nach ihr zu sehen und zu fragen, ob sie etwas wünsche.
Das war nicht der Fall; Cajetana ließ ihr nur herzlich eine
gute Nacht sagen, da sie wohl nicht mehr zu ihr kommen
werde. Bis zur Nacht blieben freilich noch mehrere Stun=
den, den die Sonne neigte sich erst zum Untergange; Frau
Riebl dünkte es eine Ewigkeit bis zur Rückkehr ihres Man=
nes, auf welche sie fast ihre letzte Hoffnung gesetzt hatte.

Es dunkelte bereits, als sie den Wagen um die

Ecke der Kärnthnerstraße rasseln hörte. Sie eilte vor die
Hausthüre entgegen. „Nun?" war ihre erste Frage,
als der Wagen anhielt.

„Ich werde Dir Alles erzählen," klang es herab,
und sie hörte dem Tone schon an, daß es wenig Tröstli=
liches sein müsse.

Das war auch der Fall. Die Fahrt nach Miedling
hatte ebenso wenig, als der Gang nach dem Königsegg'=
schen Palais zu einer Ergebniß geführt. Wohl hatte
Riebl den Alten, der schon ziemlich frisch wieder am
Stock gehen konnte, vor seiner Hütte sitzend gefunden,
dieser war, als er den Tod seines ehemaligen Herrn ver=
nommen, sehr nachdenklich geworden, hatte auch auf alle
Fragen, die sich Herr Riebl wohl überlegt hatte, Antwort
gegeben, aber von den Vermögensverhältnissen des Herrn
von Cronberg war ihm nichts bewußt. „Ich bin schon
zehn Jahre und länger aus seinem Dienst," hatte er wie=
derholt gesagt. „Was soll ich da wissen?"

Der Frau Riebl mußte das einleuchten. Sie hatte
geglaubt, daß er erst kürzlich, weil er zum Kriegshand=
werk untauglich geworden, aus dem Felde heimgekehrt sei;
wenn das aber schon vor zehn Jahren geschehen, so
mußte es lange vor der Zeit gewesen sein, ehe Cronberg
nach Wien gekommen und in der Zwischenzeit, ehe er wie=
der eine Anstellung gefunden, bei ihr gewohnt hatte. Sie

war mit seinen frühern Verhältnissen so ziemlich bekannt, wenigstens was die allgemeinen Schicksale betraf. Sie wußte, daß er früher schon in demselben Regimente gedient, das den Namen von dem berühmten Grafen Raimund Montecuccoli trug und seit dessen Tode seinen Sohn, den Fürsten, zum Inhaber hatte: sie war darüber oft von dem gesprächigen Kriegsmanne, als er in ihrem Hause wohnte, belehrt worden. Vor etwa sechszehn Jahren hatte er, weil der Frieden mit Frankreich scheinbar dauerhaft blieb und an einen so langen Türkenkrieg noch kein Mensch dachte, den Kriegsdienst quittirt und sich mit seiner Frau und seinem Töchterlein, das kaum ein Jahr alt gewesen, nach Steiermark auf eine kleine Besitzung zurückgezogen, die ihm zugefallen war. Als ihm aber dann die Frau gestorben und so Mancherlei, worüber er sich nicht näher ausgesprochen hatte, dazu gekommen war, hatte er sein Gütchen verkauft und war nach Wien gekommen, um wieder eine Anstellung im Heere zu suchen, das damals unter dem Markgrafen von Baden gegen die Türken im Felde lag. Er hatte sein Töchterchen, das etwa acht Jahre alt war, mitgebracht und dasselbe einer Verwandten, die im Kloster der Himmelpfortnerinnen Priorin war, übergeben wollen. Diese war aber mittlerweile gestorben, und da man ihn mit der Anstellung lange hinhielt, hatte er das Kind bei sich behalten und mit ihr beinah'

zwei Jahre im Hause der Frau Riebl gewohnt, bis er
endlich vom Hoftriegsrathspräsidenten, dem ruhmvollen
Vertheidiger von Wien in der Schreckenszeit, den jedes
Wiener Kind mit Thränen verehrte, von dem Herrn
Grafen Rüdiger von Stahrenberg wieder eine Compagnie
in seinem alten Reiter=Regimente durch Vermittelung bei
dem Inhaber erhalten hatte. Da war er denn eben ab=
gegangen vor sieben Jahren und seine Tochter bei der
Frau Riebl, der er sein ganzes Vertrauen geschenkt, zu=
rückgeblieben. Wenn also der abgedankte Soldat in Meid=
ling schon seit zehn Jahren aus Cronberg's Diensten ent=
lassen war, so mußte es in der Zeit, wo dieser auf dem
kleinen Gute bei Steyregg gelebt hatte, gewesen sein, und
er konnte wohl über seine damaligen Umstände Auskunft
geben, über seine spätern und letzten jedoch natürlich nicht.
Frau Riebl hatte diese immer für sehr gut gehalten, da
Cronberg beim Abschiede ein reichlich berechnetes Kostgeld
auf drei Jahre in baarem Gelde zugestellt, dasselbe auch
später von Ungarn durch eine sichere Gelegenheit noch=
mals erneuert hatte. Wo war nun Alles geblieben, da
sich doch nicht ein Kreuzer unter seinen Sachen gefunden?
Diese Frage drängte sich ihr immer wieder von Neuem
auf, und sie konnte die Hoffnung nicht aufgeben, daß sich
noch für die Tochter ein reiches Vermögen ermitteln wer=
de, wenn sich nur der rechte Mann dafür verwende. Von

dem alten Soldaten in Meidling, das sah sie nun wohl ein, war nichts zu erfahren. Höchstens kannte er vielleicht den Werth des Gutes in Steyermark und was sein Herr beim Verkauf dafür bekommen hatte. Sie nahm sich vor, ihn nächstens darüber zu befragen. Ihrem Manne, der an Leib und Gliedern wie zerschlagen da saß und nicht einmal Appetit zu seiner Lieblingssuppe hatte, die sie ihm vorgesetzt, machte sie nur einen sehr gelinden Vorwurf, daß er nicht selbst so klug gewesen, sich die Lebensweise und das ganze Hauswesen jener Zeit schildern zu lassen, woraus man doch einen gewissen Schluß auf die Umstände hätte thun können.

„Das hab' ich wohl versucht," erwiederte er matt. „Aber er ließ sich auf nichts ein. Lange Zeit her! Alles vergessen! war immer seine mürrische Antwort — und der alte grimmige Gesell mit seinem buschigen weißen Haar und Bart sah gar nicht aus, als könnte man ihn zwingen, mehr zu sagen, als er Lust hätte, und wenn man ihm auch Pein anthun wollte."

„Du hast Dich also gefürchtet vor ihm!" ergänzte seine Frau.

„Gefürchtet schon nicht, denn ich hatte ihm nichts gethan, was sollte er Böses gegen mich im Schilde füh=ren? Aber es war nicht angenehm, Sabine, mit ihm ganz allein vor der Hütte zu sitzen, wo auf eine Viertel=

stunde weit kein Haus und kein Mensch in der Nähe ist,
wenn Einem doch Etwas passirte."

„War denn seine Tochter nicht da, die Braune,
welche Dir so gefallen hat?"

„Die war nicht zu sehen — ich fragte nach ihr —
o lache doch nicht, Sabinerl, was werde ich noch nach
Jungfern ausschauen? — mußte ich nicht fragen, da ich
den alten lahmen Mann ganz allein fand?"

„Freilich, Anton! Wo war denn die Braune?"

„Im Wald Kräuter suchen, sagte der Alte. Nun
denk' Dir — wie ich eben fortgehen will, ist sie auf ein=
mal da, wie'n Irrwisch, der aufblitzt und den Niemand
hat kommen sehen. Sie wußte aber auch nicht, daß ich
dort war, denn sie trat plötzlich um die Ecke der Hütte,
wo dichtes Gestrüpp ist, so recht, wie'm Hinterhalt ehr=
liche Leute zu überfallen, und wie sie mich sieht, erschrickt
sie — und denke Dir, Binerl, sie hat Etwas unter dem gro=
ßen Regentuch, das sie bei einem Sonnenschein, wie heut',
übergeworfen — sie versteckt es vor mir — nun rathe,
Bienerl, was es gewesen ist?"

„Wie soll ich's rathen!" rief Frau Sabine unge=
duldig. „Sag's!"

„Ein Hase! Denke Dir — ein Hase! Sie konnte 's
in der Eile doch nicht so geschickt machen, daß nicht die
langen Ohren — oder wie's die Forstleut' anders nennen

mögen! — unten am Zipfel zum Vorschein gekommen wären. Und dabei mußte sie mich doch grüßen — denn sie
kannte mich ja — und mußte nach Fräulein Cajetana
fragen. Der Alte aber merkte gleich, daß ich Etwas gesehen hatte, denn ich war auch erschrocken, vielleicht noch
mehr wie sie, und mir brannten die Backen wie Feuer,
deshalb scheuchte er sie hinein und hieß sie erst die Kräuter an ihren Ort legen, und wie sie schnell in die Thüre
geschlüpft war, da sprach er so viel, daß er mich nur
auf andere Gedanken bringen wollte. Endlich schrie er
wieder hinein: Wo bleibst, Kathi? Und nun kam das
Mädel heraus, hatte das Tuch und Alles drinnen gelassen und sah ganz unglücklich aus — ich bemerkte deutlich, daß ihr Thränen in den Augen standen. Wie stürzten
die erst, als ich ihr erzählte, was ihrem Fräulein Cajetana geschehen war! Sie konnte sich gar nicht beruhigen
und wollte gleich mit herein, bis der Alte sie still sein
hieß und nach ihr schlug. Da bin ich denn nicht mehr
lange geblieben."

„Das hätte uns noch gefehlt! Und solch' Gesindel
sollte ich in mein Haus in Meidling aufnehmen, ver-
langte sie. Am Ende wären wir mit als Diebshehler an-
gesehen worden! Denn daß der Hase gestohlen ist, kann
doch Niemand läugnen. Da hast Du Dein bildsauberes
schwarzbraunes Mägdelein! Sie hat den Hasen auf jeden

Fall gefangen, dergleichen Zigeunervolk versteht sich auf
allerhand geheime Künste. In mein Haus soll sie mir
nicht kommen, ich erlebe es sonst, daß sie Dich noch auf
Deine alten Tage verhext.“

Auf solche Anschuldigung wagte Riedl etwas zu er=
wiedern, wurde aber zur Ruhe verwiesen, und war auch
durch die ungewohnten Anstrengungen zu sehr erschöpft,
um noch einige Energie zu entwickeln.

<hr />

Neuntes Capitel.

Der Nachlaß.

Das Thor war eben geöffnet worden und die außen
harrenden Landleute, welche den Markt bei den Augusti=
nern mit ihren Wagen und Körben voll Lebensmittel zu
beschicken kamen, hatten sich in einem langen, ununter=
brochenen Zuge links am Bürgerspital vorüber gewendet,
als ein schlankes Mädchen, das ohne Begleitung und
ohne etwas zu tragen, für sich allein hinter dem ganzen
Strome der Menschen daher schritt, die Aufmerksamkeit
eines Reiters auf sich zog, der innerhalb des Thores ge=
duldig Halt gemacht hatte, um Alles erst vorüber zu

laſſen. Er war ſonſt fern davon, nach Landdirnen zu ſe=
hen oder gar Schönheiten, deren es in der Umgegend von
Wien damals wie heute genug gab, aufzuſuchen, aber das
Benehmen des Mädchens, die ſtolze Art, mit welcher ſie
einen Helden der Stadtguardia, der ſeinen Scherz mit
ihr treiben wollte, abfertigte, war dem Reiter aufgefallen,
noch mehr der ſcheue Blick, den ſie zu ihm empor warf.

Sollte ihn vielleicht der Zufall begünſtigt haben,
daß er, wo alles Forſchen vergeblich geweſen, hier mühe=
los die Geſuchte fand? Er blickte ſie ſcharf an, als ſie
an der Mauer entlang bei ihm vorbei eilte.

„Du!“ rief er ſie an. „Ich habe mit Dir zu re=
den! Steh’!“

Sie erſchrack und wollte nicht gehorchen; er verritt
ihr den Weg. Sie blickte mit einem trotzigen Blick, der
ihrem dunkelgefärbten Antlitz einen charactervollen Aus=
druck lieh, zu ihm auf.

„Sprich Wahrheit! Biſt Du vor Kurzem im kai=
ſerlichen Thiergarten geweſen?“

Da war ſie ihm aber ſchon entſchlüpft. Gewandt,
wie ein Wieſel, hatte ſie ihre ſchlanke Geſtalt blitzſchnell
zur Erde gebeugt und war unter dem Bauch ſeines hohen
Roſſes, ehe er es hindern konnte, nach der andern Seite
entkommen. Wie ein Pfeil ſchoß ſie davon; der Reiter
wandte zwar ſchnell ſein Pferd und gab ihm die Sporen,

rufend: „Ich will Dir nichts Böses thun — Du fliehst
Dein Glück!" aber sie war schon in das nächste Gäßchen,
das nach der Seilerstadt führt, eingebogen, und als er
die Ecke erreichte, war von ihr keine Spur mehr zu sehen.
Es schickte sich weder für den Ort, noch für den hohen
Rang des Reiters, eine Hetzjagd auf ein entsprungenes
Frauenzimmer anzustellen, auch war keine Hoffnung mehr,
sie zu finden, da sie wahrscheinlich in irgend einem Durch=
hause einen Schlupfwinkel benutzt hatte. Ueber das Aben=
teuer halb verdrießlich lächelnd ritt er wieder nach dem
Thore, welches zu jener Zeit, wie alle Thore Wiens,
noch ein Doppelthor war. Am innern Thurme erwartete
ihn der Mann von der Stadtguardia, dessen Huldigung
die Spröde mit einem so hochfahrenden Benehmen, als
wäre sie eine Grafentochter, abgefertigt hatte. Er war
ein Zeuge gewesen, wie der Reiter, den er nicht kannte,
der Dirne mit dem Pferde den Paß verrannt, und schien
dumm genug, dem vornehmen Herrn eine gleiche scherz=
hafte Absicht auf das schwarzäugige Kind zuzutrauen,
denn er hatte sehr vergnügt gelacht, als es demselben nicht
besser ging, als ihm. Er wollte ihm nun seine Dienste
anbieten.

„Wenn Euer Gnaden befehlen," sagte er, den Hut
abziehend, „so halten wir die Dirne fest, wenn sie re=
passiret."

Dem Reiter fiel es jetzt erst ein, daß sein Benehmen einer Mißdeutung unterliegen könnte: er war so lauter, daß er erst jetzt daran dachte. „Kennt Er mich?" fragte er. Der Mann verneinte es. „Ich bin der Graf Traut=son, Obristkämmerer Seiner römisch königlichen Majestät. Das Mädchen, wenn es wieder das Thor passiren sollte, ist von Ihm zu bedeuten, daß es sich ohne Furcht vor irgend einer bösen Folge in meinem Hause einzufinden habe, wo ihm meine Frau — hört Er? meine Frau — etwas mitzutheilen hat, das zum Glück führen werde. Versteht Er mich?"

Der Mann bückte sich tief und versicherte, daß er die Dirne schaffen werde, todt oder lebendig. Er wurde aber aller Verlegenheit, ihrer habhaft zu werden, über=hoben, da sie sich schon vorgenommen hatte, das Kärnth=nerthor zu vermeiden, und lieber den Umweg durch das Stubenthor nicht zu scheuen, wenn sie die Stadt wieder verlassen würde. Sie hatte wirklich in einem Hause, das offen stand, eine Zuflucht gefunden, indem sie der Frau, die sie hinein flüchten sah und ihr Anfangs wehren wollte, erklärte, daß sie vor einem Reiter, der sie verfolge, ge=flohen sei und dadurch ihr Mitleid erweckte. Dergleichen Nachstellungen des verwilderten Kriegsvolkes waren ja nicht selten. Nachdem sie eine Weile sich verborgen ge=halten hatte und ihres Weges nun sicher zu sein glaubte,

dankte sie der Frau für ihren Schutz und begab sich wie=
der auf die Straße. Sie hatte aber nicht mehr weit zu
gehen. Wenige Schritte führten sie in die Sanct=Annen=
gasse, wenn auch von der Seite der Bastei her. Mit
ihrem hurtigen, schwebenden Gange eilte sie hart an den
Häusern dahin, bis sie ihr Ziel fand und anklopfte. Zum
Unglück war sie aber aus den Fenstern zu ebener Erde
schon gesehen worden, und ein Frauenkopf mit einer steif=
gestärkten Haube kam sträflichen Angesichts zum Vorschein.

„Was will Sie?" klang die herbe, schon im Voraus
ihr Begehr abweisende Frage.

„Ich muß das arme Fräulein sprechen, ehrsame
Frau — der Herr hat ja gestern meinem Vater erzählt,
welch' ein schreckliches Unglück sie betroffen hat."

„Das wird durch Dich auch nicht anders werden!
Geh' nur wieder Deiner Wege — wir haben nichts für
Dich."

Katharine sah mit einem bestürzten Blick zu ihr
auf; sie hatte den Sinn der letzten kränkenden Worte
zwar nicht verstanden, aber daß man ihr den Zutritt zu
ihrem geliebten Fräulein wehren wollte, erfüllte sie mit
schmerzlicher Unruhe. „Ich glaube aber," sagte sie
schüchtern, „daß es dem gnädigen Fräulein lieb sein wird,
wenn ich zu ihr komme —"

„Das ist nicht wahr. Wenn das Fräulein wüßte,

was an Dir ift, fo hätte fie Dich schon erst nicht hier ge=
dulbet. Geh', oder ich lasse Dich zum Büttel bringen.
Fange Du Hasen wegen meiner fo viel Du willst, aber
in mein ehrliches Haus follst Du mir nicht mehr kom=
men."

Damit warf sie das Fenster zu und Katharine
stand auf der Gasse wie vernichtet. Noch einen suchenden,
sehnsüchtigen Blick ließ sie über die ganze Fensterreihe
schweifen, ob es ihr nicht gelingen möge, an einem der=
selben Cajetana's liebes Gesicht zu entdecken, aber alle
blieben schwarz und leer, und so machte sie sich denn trau=
rig auf den Rückweg, den sie aber, wie schon bemerkt,
durch das Stubenthor nahm. In ihre Betrübniß mischte
sich nun auch eine große Furcht. Sie waren verrathen —
das Benehmen des Reiters am Kärnthnerthurme, der sie
fangen wollte, hatte sie schon erschreckt, nun aber war ihr
durch die Reden der Frau Riedl gar kein Zweifel mehr
geblieben. Der alte Herr, der gestern in Meidling bei
ihrem Vater gewesen war, hatte das Wild, das sie vor
ihm zu verbergen gesucht hatte, gesehen und seine Ent=
deckung angezeigt. Eine bittere Angst überfiel sie, daß sie
ihren Vater gar nicht mehr finden werde, daß er bereits
von den Häschern abgeholt sei, um dem Richter über=
antwortet zu werden: er hatte ihr gar kein Hehl daraus
gemacht, welche furchtbaren Strafen auf Jagdverbrechen

gesetzt seien, und sie dadurch zur größten Vorsicht ermahnt. Durch sie aber, die gestern in ihrer Sorglosigkeit einem fremden Auge ihr Thun blos gegeben hatte, war Alles verrathen worden, und wenn ihr Vater nun seine Schuld auf grausame Weise büßen mußte, so war sie die unglückliche Ursache. Gequält von diesem Gedanken verfolgte sie ihren Weg, so schnell ihre Füße sie tragen konnten, und selbst Cajetana's Bild erblich in ihrer geängstigten Seele.

„Sabine, Sabine, was hast Du gethan!" sagte Herr Riebl, der in der Stube den ganzen Vorgang angehört hatte, zu seiner Frau, als diese das Fenster vor der braunen Dirne zuschlug.

„Was Recht ist!" erwiederte sie. „Wer Hasen stiehlt, nimmt auch mehr. Ich mag das Zigeunervolk nicht in meinem Hause sehen, und Cajetana soll erfahren, mit wem sie es zu thun gehabt hat."

„Aber wenn Du denkst, daß sie eine Zigeunerin ist und mit allerlei verbotenen Künsten das Wild im Walde fangen kann, meinst Du denn, daß sie Dir, nun Du sie böse gemacht hast, nichts anthun wird?"

„Was soll sie mir anthun?" rief Frau Riebl, aber ihr strenger Ton verrieth doch, daß die unbestimmte Andeutung ihres Mannes sie einigermaßen beunruhigte.

„Nun — wenn sie wirklich verbotene Künste ver-

steht, da ist doch Mancherlei, das sie Dir Böses anthun
kann. Hat uns nicht neulich erst Deine Muhme Klanne=
rin erzählt, daß ihrer Schwiegertochter, die eine Zigeu=
nerin fortgejagt hat, gleich darauf die Hand verlahmt
und ein böser Aussatz im Gesicht ausgebrochen ist?"

Frau Riedl entfärbte sich, aber sie gab ihre Furcht
nicht zu. „Das ist Dummheit!" sagte sie. „Wäre auch
ohne das Zigeunerweib gekommen. Aber sie kann uns
andern Spuck machen, kann uns in Meidling einen
Schwefelfaden in die Scheune legen oder die Hühner ver=
giften. Du mußt gleich die ganze Sache wegen des Ha=
sen anzeigen, das ist Deine Schuldigkeit, sonst kommst
Du mit in Strafe."

„Aber, Vinerl, ich werde doch nicht den Angeber
machen, arme Leute in den Thurm und noch Schlimmeres
bringen! Was geht mich der Has an? Sie kann ihn
todt gefunden haben oder ein Jäger hat ihr ihn geschenkt.
Soll sie gestraft werden, daß sie für ihren lahmen Vater
sorgt, der nicht arbeiten kann und sonst vielleicht verhun=
gern müßte?"

„Arbeiten!" verlachte sie ihn. „Hast Du schon ei=
nen abgedankten Soldaten arbeiten sehen? Wenn sie nur
noch betteln, muß man sie schon für sehr fromm halten.
Sie stehlen Alle, und was sie nicht mit List nehmen kön=
nen, das rauben sie mit Mord und Todschlag! Willst

13*

Du das Blut verantworten, das vielleicht noch durch
den alten Mordgesellen vergossen wird?"

Der Kaufmann, der seit einiger Zeit ganz aus sei=
ner Ruhe und friedlicher Beschäftigung gerissen war,
trocknete sich den Angstschweiß von der Stirne. Zum Er=
stenmale kam ihm der Gedanke, daß er all' den Unfrieden
im Hause, die Trennung von seinem Sohne, die ver=
lorene Seelenruhe des armen Franzl, und nun die Noth
von gestern, die gewaltsame Störung seiner ganzen Le=
bensweise, den heutigen Vorfall, der ihn, den Abergläu=
bischen, selbst beunruhigte, und endlich Alles, was noch
kommen werde und müsse, doch eigentlich nur der Anwe=
senheit Cajetana's verdanke. Aber gleich überwog wieder
sein gutes Herz und erstickte den Gedanken, das arme
verwaiste Kind für all' die Unannehmlichkeiten verant=
wortlich zu machen.

„Sabinerl," sagte er feierlich, „zum Schergen bin
ich nicht geschaffen. Wir stehen Alle in Gottes Hand.
Er wird uns vor Unglück bewahren. Ich kann nicht hin=
gehen und arme Leute, weil sie Hunger haben, in's Un=
glück stürzen. Das bringt keinen Segen. Mögen die Jä=
gerburschen besser aufpassen — uns geht es nichts an."

Frau Riebl mußte sich damit zufrieden geben, aber
seine Bitte, dem Fräulein die Sache, welche sie nur noch
mehr betrüben werde, zu verschweigen, erfüllte sie nicht.

Noch am Vormittage, als sie während den Pausen in
ihren häuslichen Geschäften Cajetana besuchte und sie
von ihrem Grame abzuziehen strebte, erzählte sie ihr, was
ihr Mann in Meidling erlebt hatte. Zu ihrer Verwun=
derung machte es aber auf Cajetana nicht den erwarteten
Eindruck. Hatte sie denn als Soldatenkind schon die Ver=
achtung aller Gesetze mit der Muttermilch eingesogen?
Sie schien gar keinen Anstoß an dem Treiben ihres alten
Dieners und seiner Tochter zu nehmen, sie blickte sogar
bei der Erwähnung des Hasen mit einer gewissen Zustim=
mung auf und nickte, als wolle sie sagen: Recht so!
Dann fragte sie, ob Kathi nicht bald zu ihr kommen
werde.

Frau Riedl war in einer gereizten Stimmung, wel=
che sie der gewohnten frühern Rücksicht auf die leisesten
Wünsche Cajetana's ganz vergessen ließ. Sie antwortete
ziemlich trocken, daß sie einem verdächtigen Frauenzimmer
keinen Zutritt in ihrem Hause gestatten könne. Vor dem
unwilligen Erstaunen, welches diese Antwort in Cajetana
hervorrief, lenkte sie zwar ein wenig ein, indem sie mit
vielen Worten, so freundlich als möglich, sich zu recht=
fertigen suchte und dem Fräulein vorstellte, daß sie ja
das Mädchen und ihren Vater seit so langen Jahren
nicht gesehen habe und also nicht wissen könne, was aus
ihnen für Menschen geworden seien, und daß eine junge

Dame von ihrem Stande sehr vorsichtig sein müsse —
aber das Einzige, was sie durch ihre Vorstellungen gewann, war, daß Cajetana schwieg. Der erste Schritt zur
Entfremdung war geschehen, nicht durch die Ablehnung
ihres Wunsches selbst, sondern durch die Art und Weise,
wie es geschehen war. Cajetana konnte den häßlichen Ausdruck im Gesichte ihrer Pflegerin, den sie noch niemals
wahrgenommen hatte, gar nicht vergessen.

Unten am Fuß der Treppe erwartete Riedl seine
Gattin, um ihr mitzutheilen, daß ein Diener des Herrn
Grafen von Königsegg angekommen sei, welcher ihm von
seinem Herrn bestellt habe, daß derselbe von seinem gestrigen Wunsche, ihn zu sprechen, unterrichtet, ihn um
zehn Uhr in seiner Wohnung erwarten werde. Diese
Nachricht verscheuchte die üble Laune, in welche Frau
Riedl versetzt worden war; sie gewann wieder eine bessere
Anschauung der Dinge und schärfte ihrem Gatten, ehe
er zum Zweitenmale in der für sie wichtigen Angelegenheit ausging, Alles ein, wonach er den Grafen fragen sollte.

Königsegg empfing den Kaufmann mit jener wohl-
thuenden Freundlichkeit, welche der Hochadel gegen Män-
ner von geringerer Geburt meistens zeigt, weil er, seiner
Stellung sicher, keine Ueberhebung zu fürchten braucht,
die etwa mit Stolz in ihre Schranken zurück zu weisen

wäre. Er bedauerte, daß Herr Riebl gestern umsonst den
weiten Weg nach Gumpendorf und dann wieder hieher
gemacht habe, und fragte, worin er ihm dienen könne.

Riebl, nun völlig in seinem Element, trug die Lage
der Dinge, welche ihn veranlaßt, des Herrn Grafen Güte
noch einmal in Anspruch zu nehmen, mit kaufmännischer
Klarheit vor. Der Graf hörte ihn aufmerksam an, und
als er geendigt hatte, bedachte er sich noch eine kurze
Weile, als suche er in seinem Gedächtnisse nach vergesse=
nen Dingen.—„Ich kann Ihnen nur soviel sagen," sprach
er dann, „daß Herr von Cronberg kein Testament schrift=
lich aufgesetzt hat. Vom Regimentsgericht, bei welchem
nichts dergleichen niedergelegt gewesen, ist Umfrage ge=
halten worden, ob er nicht einem seiner Waffengefährten
etwa eine solche Schrift anvertraut oder mündliche Ver=
anstaltungen für den Fall seines Todes getroffen habe.
Es ist jedoch nichts ermittelt worden. Daß sich kein baa=
res Geld oder Pretiosen unter seinem im Lager zurück=
gelassenen Zelt= und Handgepäck vorgefunden, hat auch
bei dem Auditor, welcher darüber ein Protokoll aufnahm,
Verwunderung erregt; erklärt sich aber daraus, daß viele
Offiziere, welche nicht eine zahlreiche Dienerschaft zur Be=
wachung ihres Eigenthums haben, auf Märschen und in
Actionen lieber ihre Baarschaft und ihr werthvollstes Ei=
genthum auf ihrem eigenen Pferde oder in den Kleidern

bei sich tragen. Herr von Cronberg hat jedenfalls auch diese Gewohnheit gehabt, und dadurch ist denn leider Alles für seine Tochter verloren gegangen, da man, wie Sie schon wissen, seine Briefe später ganz ausgeplündert fand."

Riebl seufzte. „Haben Eure hochgräfliche Gnaden vielleicht gehört, ob der Verstorbene etwa Capitalien ausgeliehen hat?" fragte er. „Documente oder Obligationen sind freilich auch nicht unter denen Papieren oder in dem Inventario vermerkt gewesen, das ein hochpreisliches Gericht aufgenommen hat."

„Ich bedauere, darüber gar nichts zu wissen," antwortete der Graf. „Wenn ich meine Meinung aussprechen soll, so glaube ich kaum, daß er überhaupt Capitalien besessen hat. Seine ganze Feldausrüstung war nicht glänzend, und das wenige Gepäck, das versiegelt worden ist und das ich Ihnen übersandt habe, soll auch keinen großen Werth haben, wie mir der Auditor gesagt hat."

„Gar keinen!" bestätigte Riebl mit schwerem Herzen.

„Ich fürchte, die arme Tochter wird sich keine Hoffnungen zu machen haben," fuhr der Graf theilnehmend fort. „Ihre liebe Frau sagte mir, daß sie auch gar keine Verwandte habe —"

„Keinen einzigen. Denn der Herr Reichsgraf von

Cronberg, der annoch lebt, wird keinerlei Verwandtschaft zwischen sich und unserm Fräulein, das doch nur von simplem Adel ist, anerkennen —"

„Wer weiß!" entgegnete Königsegg. „Den Versuch müßte man doch wenigstens machen. Sie kennen wohl den Grafen nicht?"

Riedl erwiederte mit Achselzucken, daß er nicht die Gnade habe.

„So will ich es thun!" sagte Königsegg nach kur-zem Besinnen. „Es trifft sich gut, daß der Graf grade in Wien anwesend ist. Ich will mit ihm sprechen. Es wäre vielleicht gut, wenn ihm das Fräulein vorgestellt würde. Sie ist erwachsen, nicht wahr? Ich habe das Fräulein nur flüchtig gesehen."

„Siebenzehn Jahr," berichtete Riedl, von der neuen Hoffnung für Cajetana ganz verklärt.

Gern hätte der Graf auch gefragt, ob sie wohl er-zogen sei, aber da er wußte, daß sie schon seit Jahren — er konnte es berechnen! — in dem bürgerlichen Hause des Kaufmanns gewohnt habe und hier eigentlich vom Kinde zur Jungfrau herangewachsen sei, so hatte er für eine gute Erziehung im Sinne der vornehmen Welt keine Hoffnung. Deshalb konnte sie aber doch mit allen weiblichen Tugen-den geschmückt sein.

„Freilich kann ich selbst das Fräulein nicht vorstellen," sagte er, über den Gedanken lächelnd, daß er, ein unverheiratheter junger Mann von vierundzwanzig Jahren davon nur spreche. "Aber ich werde meiner Mutter davon Kenntniß geben, und wenn der alte Herr sich bestimmen läßt, kann meine Mutter es veranstalten."

"Der Herr Graf erwerben sich ein Gotteslohn!" rief Rietl, die Hände faltend. "Wird aber der Herr Reichsgraf, der so gar nichts von einer Verwandtschaft wissen will, wie mir mein Herr Rittmeister von Cronberg zu vielen Malen erzählt hat, sich bestimmen lassen, etwas für die arme Waise zu thun?"

"Es wäre ja unnatürlich, wenn er sich weigerte!" erwiederte Königsegg. "Schon des gleichen Namens wegen fordert es seine Ehre. Ich wenigstens würde es mir zur Schande rechnen, anders zu handeln. Vielleicht finde ich noch heut' Gelegenheit, ihn zu sprechen. Sobald ich Ihnen etwas Gewisses mittheilen kann, sollen Sie von mir hören."

Mit schönen Hoffnungen ging Rietl diesmal nach Hause: heute durfte er hoffen, mit dem Erfolge seiner Bemühung vor der strengen Richterin seiner Handlungen mit Ehren zu bestehen. Wenn ein Cavalier, wie der Herr Graf von Königsegg erklärte, daß es die Ehre des Reichsgrafen fordere, sich der Verlassenen, wenn sie auch nur denselben Namen ohne nachzuweisende Verwandtschaft trage, anzunehmen, so konnte gar kein Zweifel darüber sein. Fast war es nach den geheimen Wünschen des alten Herrn des Glückes zu viel, denn gesetzt den Fall, der Reichsgraf fände an Cajetana, wenn sie ihm durch die Frau Gräfin von Königsegg vorgestellt würde, so viel Wohlgefallen, daß er nun auch ganz für sie sorgen, sie, da er unvermählt sei, an Kindesstatt annehmen und zur Universalerbin seiner großen Herrschaften einsetzen wolle, so war sie ja für den armen Franz verloren. Da hätte ja der liebevolle Vater eher gewünscht, daß Alles, was er jetzt an kühnen Hoffnungen schwindeld aufgebaut, wie ein Kartenhaus zusammenstürzen möchte, und Cajetana blut= arm bliebe — wenn nur in diesem Falle die Mutter — — das blieb freilich wieder ein Stein des Anstoßes, über welchen nicht hinweg zu kommen war. Ohne Vermögen war ihre Einwilligung niemals zu erlangen, und wenn das Mädchen eine Fürstentochter gewesen wäre. Also die goldene Mittelstraße zwischen dem glänzenden Ziele und gänzlicher Abweisung! —

Riedl fand seine Frau leidend; sie hatte den Kopf verbunden und äußerte auf seine erschrockene Frage, ob sie gefallen sei, daß sie einen dumpfen Schmerz in der lin= ken Schläfe fühle und sich deshalb Umschläge von Essig und Wasser gemacht habe. — „Wenn nur nicht Deine Prophezeiung schon eingetroffen ist?" sagte sie nieder=

geschlagen. „Man muß den Leibhaftigen nicht an die Wand malen."

„Was denn?" rief er, über diesen Vorwurf noch mehr erschreckend. „Was soll ich denn prophezeit haben?"

„Ich hab's wohl schon weg von der Schwarzbraunen" — erwiederte sie trübselig. „Mir wollte ihr schwarzes Auge, wie sie mich anblickte, gar nicht mehr aus den Gedanken."

„Ach, liebstes Binerl, das schlag' Dir aus dem Sinn!" rief er in großer Angst. „Geh' doch an heilige Stätte, bete recht inbrünstig — vor dem Weihwasser kann ja kein teuflisches Werk bestehen. Ich bitte Dich, werde mir nicht krank! Was sollte ich denn anfangen, grade jetzt, wo Alles so schön anläßt?"

„Ja, Anton, da würdest Du erst sehen, was eine Frau werth ist, und es bereuen, daß Du mich oft so schlecht behandelt hast."

„Sabinerl!" rief er, von dieser unerhörten Beschuldigung ganz versteinert.

„Was hast Du denn heut' ausgerichtet?" fragte sie nun. Er berichtete ihr, was der Graf gesagt hatte, und sie schien ihren Kopfschmerz ganz darüber zu vergessen. „Ich halt's mit dem, was man fassen und greifen kann," sagte sie, nachdem er seine Erzählung beendigt hatte. „Von den schönen Aussichten wird man nicht fett. Daß der Cronberg Alles durchgebracht oder im Felde verloren hat, scheint mir ziemlich gewiß. Wenn nun der Reichs= graf nichts von dem Mädel wissen will, so haben wir sie auf dem Halse."

„Wie kannst Du nur von dem lieben gnädigen Fräu= lein so reden!" rief er, von ihrer herzlosen Aeußerung betrübt. „Und wenn sie nun auch wirklich gar nichts hätte, liebst Du sie nicht — Du hast es ja oftmal gesagt — wie Dein eignes Kind und hat uns der liebe Gott nicht genug bescheert —"

„Damit komm' mir nicht! Ich weiß schon, wo Du wieder hinaus willst. Daraus wird nichts, ehe sie mich nicht hinaustragen. Vielleicht geschieht's bald — die Zi= geunerin wird schon für ihre Spielcameradin gesorgt haben."

„Hör' auf!" bat Riebl, dem die Thränen in die Augen getreten waren. „Du brichst mir das Herz! Wir wollen uns Alles recht leicht vorstellen, keine schwarzen Gedanken machen. Der Herr Reichsgraf wird schon für das Fräulein sorgen — das fordert schon seine Ehre!"

„Was weißt Du davon!" entgegnete sie weg= werfend.

„Ich weiß nur, was mir der Herr Graf von Kö= nigsegg gesagt hat. Denke doch, wenn die Frau Mutter

fich des Kindes annimmt, fie felber dem Herrn Reichsgrafen vorstellt und empfiehlt —"

Eine neue Gedankenwendung nahm jetzt Frau Riedl
in Anspruch und wirkte wunderbar besänftigend auf sie.
Es war das Bild einer vor ihrem Hause vorfahrenden
Karosse oder einer herrschaftlichen Sänfte mit Lakaien,
in welcher Cajetana zu der wichtigen Vorstellung abgeholt
werden sollte, und sie fragte sich auf einmal, ob die Trauer-
kleidung, welche sie ihr besorgt hatte, auch für eine solche
Gelegenheit, wo sie der vornehmen Dame zugeführt und
von dieser dem Manne, von welchem ihr Schicksal abhing, präsentirt würde, anständig genug sei? In dieser
Ueberlegung mußte sie erst mit sich zu Rathe gehen, und
zum Erstaunen ihres Mannes nahm sie plötzlich das
Tuch, das sie um die Stirn und Schläfe gelegt hatte, ab
und ihre Stimme war auf einmal wieder hell und klar.

„Du führst doch genau Rechnung, wie wir mit
ihr stehen?" fragte sie.

„Bis jetzt ganz genau," versicherte er. „Schon der
Ordnung wegen."

„Du hast auch außer dem Kostgelde, das für das
letzte halbe Jahr rückständig ist, aufgeschrieben, was ich
ihr nach und nach vorgestreckt habe zu ihren kleinen Aus-
gaben. Ich hab' Dir wenigstens jeden Kreuzer gesagt."

„Ist auch jedesmal gebucht worden. Wir werden nichts verlieren.“

„Wenn es mit Deinem Reichsgrafen Etwas wird, sonst steht es schlecht. Indessen, wenn es doch so weit kommen sollte, daß sie hin muß, so wird es schon nichts helfen, ich werde noch Etwas hergeben müssen. Sie ist mit ihrem Anzuge gut genug bestellt für unser Haus und für die Messe, aber doch nicht, um damit in ein vornehmes Haus zu kommen. Da muß ich schon Etwas besorgen.“

„Thue das, liebes Binerl. Es wird auf gute Zinsen gelegt sein.“

„Wenn's nur wahr ist! Ich will mich aber vorsehen und erst abwarten, was uns der Graf für Bescheid gibt.“

Graf Königsegg hatte sich wirklich Cajetana's Sache ernst zu Herzen genommen und war zu derselben Stunde schon unterwegs, um dieselbe bei dem Manne, den er für ihren natürlichen Beschützer hielt, zu führen. Er wußte durch Zufall, wo er bei seiner Anwesenheit in Wien jedesmal wohnte, da er hier kein eigenes Haus besaß, wie sonst die meisten der vornehmen Landesgeschlechter. Die Zahl der Paläste, welche der Hochadel sich in der Hauptstadt des Reichs seit dem Ende des dreißigjährigen Krieges gebaut hatte, belief sich schon 1670 auf vierzig und war seitdem bis zum Schluße des Jahrhun-

derts noch gestiegen. Das reichsgräflich Cronberg'sche
Geschlecht gehörte aber nicht zum österreichischen Abel,
sondern war aus der Wetterau und in den rheinischen
Landen, auch um Schwarzwald zu Hohen=Geroldseck
angesessen gewesen; in habsburgischen Landen hatte es
nur die böhmische Herrschaft Poritschen zu Lehen, wo der
jetzige Graf, Johann Nicolaus, der Letzte seines Ge=
schlechts, abwechselnd mit dem Stammschlosse auf dem
Feldberge bei Frankfurt am Main, residirte. Er kam von
dort zuweilen nach Wien, und Königsegg, der seine Be=
kanntschaft schon früher einmal gemacht hatte, suchte ihn
heute in seiner Wohnung auf, wo er ihn zu seiner Be=
friedigung auch anwesend fand.

Seit er ihn zuletzt gesehen hatte, schien der Reichs=
graf von Cronberg, der sich immer eines stattlichen Um=
fangs erfreute, noch zugenommen zu haben, doch kam er
ihm rüstigen Schrittes entgegen und umarmte ihn, wobei
er ihn auf beide Backen schallend küßte. Er war eben
beim Mittagessen, das er ganz für sich allein einnahm,
beschäftigt gewesen: ein saftiger Fasanenbraten, in wel=
chem Messer und Gabel steckte, verrieth, daß er noch
nicht gesättigt sei, obgleich auf einem Nebentische mehrere
halb geleerte Schüsseln mit andern Leckerbissen zu sehen
waren. Hinter dem mächtigen gepolsterten Lehnstuhl, den
er bei der Meldung des Grafen verlassen hatte, stand ein

alter, ernsthafter Diener, mit einer weißen Serviette über den Arm.

„Ich bitte sehr um Verzeihung!" sagte Königsegg. „Ich hatte keine Ahnung, daß ich zu dieser Stunde stören würde — aber warum haben Sie mich nicht abweisen lassen?"

„Im Gegentheil, mein junger Freund, Sie sollen mir fechten helfen! Ich kann allein diesen Böhmen nicht bezwingen. Veit, Teller und Messer für den Herrn Grafen. Setzen Sie sich zu mir, amice. Keine Widerrede! Sehen Sie, ich habe es für besser gehalten, immer etwas früh zu Mittag zu speisen, um dann etwas mehr Zeit zum Schläfchen zu gewinnen. Eine bessere Sorte Rheinwein, Veit. Dieser schickt sich nicht zum Braten. Das Schläfchen, mein lieber Kriegsheld, ist für die Verdauung von größter Wichtigkeit — wer den alten dummen Spruch erfunden hat: post coenam stabis et caetera, verdiente auch vor dem Essen oder statt des Essens seine tausend Schritte zu laufen. Nein, Herr Carolus Fidelis, beleidigen dürfen Sie mich nicht — dies Stück vom Fasan ist das beste nach aller Kenner Ausspruch; ich lege es Ihnen eigenhändig vor, Sie sollen es mir nicht abschlagen. Veit, schenke dem Herrn Grafen ein!"

Königsegg hatte dem dicken Herrn gegenüber Platz nehmen müssen und konnte seine Bemerkungen anstellen, mit welcher Geschicklichkeit er den Fasan zerlegte, und nachdem er dem Gaste das nach seiner Ansicht beste Stück vorgelegt hatte, mit welchem Hochgenuß er sich den Freuden der Tafel hingab. Er aß mit einer Meisterschaft, welche Bewunderung erregen konnte, weil sie nicht, wie bei Schmeckern und Schlemmern gewöhnlich etwas Abstoßendes hatte, sondern trotz aller Wonne des Genußes immer fein und sauber war. Dabei vergaß er auch des goldfunkelnden Rheinweines nicht, den er seinen theuren Landsmann nannte und dem Gaste zur freundlichen Aufnahme bringend empfahl. Er schien gar nicht anzunehmen, daß dieser einen besondern Grund zu seinem Besuche haben könne, vielmehr dankte er ihm wiederholt für seine Freundlichkeit, sich seiner noch zu erinnern, und lud ihn wiederholt, da nun Frieden sei, auf sein Schloß Poritschen ein, wo er, statt der Türken, Fasanen und Edelwild schießen könne, so viel ihm gefalle.

„Nur mich müssen Sie auslassen!" schloß er. „Ich bin niemals ein Waldjäger, sondern nur ein Schüsseljäger gewesen, was jedenfalls bequemer ist. Trinken Sie aus, lieber Graf. Nehmen Sie sich beim Wein an mir kein Beispiel, ich kann nichts vertragen und finde, daß man eine feine Mahlzeit, um sie recht zu genießen, nicht zu sehr mit Wein überschwemmen darf. Sie sind aber ein Soldat, der die Freuden eines Lucull und Apicius ver-

achtet und darum auch mehr Libationen anstellen muß, um
sich die Götter geneigt zu machen. Mein Rheinwein mun=
det Ihnen nicht? Sie sind an die Feuerströme aus Un=
garn gewöhnt? Veit! Tokayer!"

„Ich bitte Sie, Herr Graf, mich auch darin zu ent=
schuldigen," wandte Königsegg ein. „Ich trinke immer
nur mäßig, und ein Becher Ihres vortrefflichen Lands=
mannes hat mich durch seine stille Kraft ausreichend ge=
labt. Ich danke Ihnen aufrichtig." Er sehnte sich voll
Ungeduld nach dem Ende des Mahles, da ihm die Gegen=
wart des Dieners jede Annäherung an den Zweck sei=
nes Besuchs unmöglich machte. Aber vor der Hand war
noch nicht daran zu denken.

„Fortfahren, Veit!" befahl der Wirth. Veit hob
die Schüssel mit ihrem Beiwerk ab, setzte sie auf den
Nebentisch und gab durch die halbgeöffnete Thür nur
eine Anweisung hinaus, worauf alsbald zu Königsegg's
unbeschreiblichem Verdrusse ein neuer Gang erschien:
Speisen in einer Zubereitung, die er noch nie gesehen
hatte, um die er sich auch nicht kümmerte, denn er war in
der That ein echter und einfacher Soldat. Mit Erstaunen
beklagte ihn der Wirth, daß er sich schon außer Stande
erklären müsse, auch nur noch einen Bissen zu genießen,
und bat um Verzeihung, wenn er sich dadurch nicht ab=
halten lasse, den edlen Gottesgaben ihr Recht anzuthun.

14*

„Ich finde," sagte er, „daß der Mensch sich dadurch vom
Thiere unterscheidet, daß er nicht blos aus Hunger, son=
dern auch aus Appetit ißt. Man kann satt sein, und doch
Lust zum Essen haben. Gute Gesellschaft erhöht dieselbe;
ich danke Ihnen herzlich, daß Sie mir Ihren Besuch
geschenkt!"

Königsegg lachte über dies freimüthige Geständniß,
in welcher Beziehung auf seinen Besuch Werth gelegt
werde, und während der Wirth, nun sein Hunger gestillt
war, mit um so größerem Bewußtsein den fetten und
schmackhaften Speisen des neuen Ganges zusprach, warf
Karl Fidelis die Bemerkung hin: „daß er sich wundere,
die beste Gesellschaft, die einer anmuthigen Gemahlin, bei
dem Herrn Grafen zu vermissen."

Cronberg schüttelte lächelnd den Kopf und seine klei=
nen, muntern Augen blitzten aus dem wohlgenährten,
glänzenden Gesichte sehr vergnügt auf den Gast. „Das
nennen Sie die beste Gesellschaft?" rief er. „Ich bin
anderer Meinung. Würde ich meine ungestörte Ruhe ha=
ben, thun und lassen, essen und schlafen können, fahren,
gehen, reiten, wie mir beliebt? Tausend Unbequemlich=
keiten, tausend Rücksichten! Und gar kleine Kinder im
Hause! Nein, werthester Carolus Fidelis, wenn ich über
Eins in meinem Leben zufrieden bin, so ist es, daß ich mich
nicht habe in das Joch der Ehe einspannen lassen. Ich

sehe jeden beweibten Mann mit wahrem Mitleid an; er
wird seines Lebens nicht mehr froh, denn ihm fehlt das
Beste: die Ruhe."

„Sie thun aber den Frauen ein bitteres Unrecht an.
Das höchste Erdenglück findet der Mann doch wohl in
dem Besitze eines liebevollen, treuen Weibes, das Leid
und Freud mit ihm theilt."

„Ja, ja, so müssen die Ehemänner schon sprechen,"
sagte Cronberg schlau, indem er sich wiederum aus einer
andern Schüssel vorlegte, „sie dürfen nicht anders. Mir
geht nichts über meine Ruhe, meine Bequemlichkeit im
Hause, und die wäre verloren, wenn ich geheirathet hätte.
Leid gethan hat es mir nur ein einziges Mal, daß ich
davon geblieben bin, das war, als mein Vetter vor sie=
ben Jahren starb, Crato Adolph Otto, der Letzte aus
der ältern oder Hauptlinie, der Sohn Adam Philipp's,
welcher Letztere unserm Hause den Reichsgrafentitel er=
worben hat. Da dachte ich: nun steht das ganze Haus
Cronberg auf Deinen zwei Augen und wird mit Dir er=
löschen; es ist doch sehr Schade, daß Du nicht geheira=
thet und einen oder Paar Stammhalter erzeugt hast. Ihr
Herr Vater hat die Fortdauer seines Geschlechts besser
gesichert, Carolus Fidelis,"

„Gibt es denn gar keine Cronbergs mehr?" fragte
Königsegg rasch, seinem Zwecke freudig näher gerückt.

„Mein Vetter Crato, der Anno Zwei und Neunzig verstorben, ist zweimal verheirathet gewesen, erstlich mit einer Gräfin von Dettingen, mit der er vier Kinder gehabt, darunter zwei Söhne, Johann Kraft und Adam, tüchtige Knaben, so aber alle vor ihm selber verstorben; darauf hat er sich nochmals vermählt mit einer Gräfin Witgenstein, die hat ihm kein Kind mehr geboren und ist ihm erst im vergangenen Mai nachgefolgt. So kam ich nun, von der jüngern Linie, an die Reihe. Diese Linie hat sich Anno 1559 abgezweigt durch Walther, einen Sohn Hartmud's des Zehnten, des Bundesgenossen Franzens von Sickingen — von diesem kann ich Ihnen, da Genealogie mein Steckenpferd, ja, ich kann sagen, meine einzige Liebhaberin ist, die ganze weitere Entfaltung unsers Stammbaumes erzählen."

Königsegg, vor dieser bedenklichen Aussicht zurückschreckend, kam ihm durch die grade Frage zuvor: ob nicht noch eine dritte Linie des Cronbergs, welche der Erhebung in den Grafenstand nicht theilhaftig geworden sei, existire? Aber er zog sich dadurch nur eine ausführlichere Erörterung zu. Cronberg übereilte ihr zu Liebe sogar den Schluß seiner Mahlzeit, schob plötzlich seinen Teller zurück und winkte Veit, welcher nun schnell und geräuschlos abzuräumen begann, während sein Herr anhob, von dem Stammvater seines ganzen Hauses, welcher ein Bruder

der Kaiserin Judith, Ludwig's des Frommen zweiter Ge=
mahlin, gewesen und Anno 866 verblichen sei, bis auf
Hartmud den Ersten, der um 1266 florirt und mit
Agnete von Hanau allerdings mehrere Söhne erzeugt
habe, so daß schon damals eine zweite Linie entstanden
sei. Dieselbe habe jedoch ihre Endschaft genommen mit
Elisabeth von Cronberg, welche ihrem Gemahl, einem
Grafen Solms, Rödelheim zugebracht, davon die Solms=
Rödelheim, und mit Walther von Cronberg, welchen der
treu gebliebene Theil des Deutschen Ritterordens Anno
1527, nachdem Albrecht von Brandenburg das Ordens=
land Preußen zum weltlichen Herzogthum gemacht, in
Deutschland zum Hochmeister erwählt habe. Dieser Wal=
ther sei 1543 verstorben und seines vor ihm heimgegan=
genen Bruders Philipp Tochter Anna mit vorerwähntem
Hartmud X. von der ältesten Linie vermählt gewesen,
wodurch also auch weiblicher Seits Alles wieder zusam=
men geflossen sei. Von den drei Linien, welche aber durch
die Söhne Hartmud's X. Anno 1559 gestiftet worden,
habe sich weiter keine mehr abgezweigt, und da zwei der=
selben gänzlich erloschen, sei Er nun, Johann Nicolaus,
das letzte Reis des uralten Stammes, der also mit ihm
eingehen werde.

Mit großer Geduld hatte Königsegg die Erzählung,
welche ihm keinen Namen erließ, angehört, und war

darin gestärkt worden durch die Wahrnehmung, daß der
Diener, nachdem er seine Geschäfte beendigt, das Zimmer
ganz verlassen hatte. Er unterbrach den eifrigen Genea=
logen nicht, und erst nachdem er seinen Bericht geschlossen
und nicht übel Lust hatte, sich noch in die Sippschaft sei=
ner Cousine Diana, verehelichten Freifrau von Sötern,
welcher die Allodialerbschaft des verstorbenen Reichsgra=
fen Crato zugefallen war, zu verirren, schnitt ihm Kö=
nigsegg den sonst endlosen Faden ab. „In meinem Re=
gimente, Montecuccoli=Cürassiere, hat ein Rittmeister
von Cronberg gestanden," sagte er. „Kaspar von Cron=
berg. Sollte der in gar keiner Beziehung stehen zu Ihrem
berühmten Hause?"

Auf der sonst spiegelglatten Stirn des alten Hage=
stolzes zeigte sich eine leichte Wolke. — „Ich kenne diesen
Kaspar von Cronberg nicht," erwiederte er, „doch habe
ich von ihm gehört, ich habe sogar einen Brief von ihm
gesehen, den er an meinen verstorbenen Vetter Crato ge=
schrieben hat, als ich grade bei ihm zum Besuch in Böh=
men war. Er suchte mit ihm anzuknüpfen, aber mein
Vetter hat ihn natürlich abgewiesen."

„Also an Ihren Vetter hat er sich gewendet? Ich
war der Meinung, an Sie."

„Nein," antwortete Graf Johann Nicolaus gelas=
sen. „Ich würde aber nicht anders gehandelt haben, als

mein Vetter. Es war ein Glück für diesen, daß ich mich grade bei ihm zum Besuche befand und ihm mit meiner genauen Genealogie unsers Hauses Beistand leisten konnte; er hätte sich sonst am Ende übertölpeln lassen und ihm eine Anerkennung der Verwandtschaft zugestanden, auf welche er nicht den mindesten Anspruch hat. Denn der Name beweist gar nichts. Mein Haus führt ihn von dem Schlosse, das sich der Stammvater erbaut hatte; in diesem Schlosse haben natürlich mehr Leute gewohnt, Dienstmannen und Andere, denen es eingefallen ist, sich zum Unterschiede von Andern davon nennen zu lassen. Sie müßten nur a u s Cronberg genannt worden sein, Hans oder Kunz, meinethalben auch Kaspar a u s Cronberg, nicht v o n Cronberg, das kommt ihnen nicht zu. Wegen des Wappens, das sie führen, hätte ich in meines Vetters Stelle bei dem kaiserlichen Heroldsamt Klage geführt, ich konnte ihn nur nicht dazu bewegen. Gönne ihm doch die Eisenhütlein, sammt den Goldkronen im Wappen, da er im Seckel keine besitzt! sagte er spaßhaft. Er hatte nämlich seine schlechten Vermögensumstände vorgebracht. Ich finde aber, mit seinem Wappen darf der Edelmann so wenig Spaß verstehen, als der Soldat mit seiner Fahne. Der Kaspar, der sich von Cronberg nennt, hat unser ganzes Geschlechtswappen usurpirt, den getheilten Schild, links oben zwei Reihen silberne und

blaue Eisenhütlein verkehrt in einander greifend, und
unten eine güldene Krone im rothen Felde, rechts über
Kreuz dieselben Sinnbilder, Eisenhütlein unten, Krone
oben. Den Schild von Geroldseck und im Mittelschilde
den zweiköpfigen Adler, der ein kaiserliches Gnadenzeichen
Ferdinandi des Zweiten ist, hat er zwar nicht, aber den
offen gekrönten Helm mit den rothen Adlerflügeln, auf
welchen die silbernen und blauen Eisenhütlein über Kreuz
wieder zu sehen, und statt des kaiserlichen Adlers hat er
gar im Mittelschilde unser redendes Wappen, die Krone,
nach welcher wir Cronberg heißen, verdreifacht! Als wollte
er uns damit Trutz in den Bart werfen. Ich weiß sehr
wohl, daß etliche Genealogici der Meinung sind, eine
Verdoppelung des Familien=Abzeichens im Wappen be=
deute eine jüngere Linie, aber ich kann diese Meinung
nicht für richtig halten. Vorzüglich ist es denn doch
immer unser Stammbaum, nach Georg Helwichii Ge=
nealogie des uralten Adel=Ritterlichen Geschlechts derer
von Cronberg, von Anno 620 bis 1625, zu Mainz
1625 in Folio erschienen, welcher aller Streitfrage ein
Ende macht. Sollte mich, der ich nun der Senior oder
vielmehr Unicus des ganzen Hauses bin, besagter Ritt=
meister noch einmal mit Sollicitationen molestiren, so
werde ich nicht so glimpflich mit ihm verfahren, wie mein
allzu weichmüthiger Vetter Crato, der nur höflich die an=
gedichtete Verwandtschaft abgelehnt hat.“

„Er wird weder Sie, noch irgend Jemand mehr molestiren," versetzte Königsegg voll Unwillen. „Er ist todt."

„Nun dann ist ja die Frage ohnehin erledigt, vorausgesetzt, daß er keinen Sohn hat."

„Er hat nur eine Tochter hinterlassen, und zwar, wie Sie ja zu wissen scheinen, in den dürftigsten Umständen."

Cronberg zuckte schläfrig die Achseln, das Bedürfniß der gewohnten Mittagsruhe schien sich ihm auf einmal fühlbar zu machen.

„Sie ist hier, als ihr Vater in den Krieg ziehen mußte, in einem bürgerlichen Hause zurückgeblieben," fuhr Königsegg fort, ohne sich durch die Zeichen, die ihm keine geneigte Aufnahme seiner Worte verhießen, irre machen zu lassen. „Ich habe sie gesehen, da ich zu meinem großen Bedauern ihr die Kunde vom Tode ihres Vaters bringen mußte — sie ist ein schönes und anscheinend wohl erzogenes Mädchen."

„Ei!" sagte der Reichsgraf, und seine kleinen Augen blinzelten mit einem schlauen und leichtfertigen Ausdruck auf den allzueifrigen Anwalt des schönen Mädchens.

Dieser verstand ihn und gab den Blick stolz und frei zurück. Doch durfte er den Alten nicht böse machen und fragte ihn so unbefangen, als möglich: „Ob er sich nicht des verlassenen Mädchens annehmen werde?"

„Wie käme ist dazu?" rief Cronberg ganz erstaunt.

„Bedenken Sie doch, daß sie, mag es von Alters her gekommen sein, wie es will, Ihren Namen trägt."

„Den werde ich ihr abcomplimentiren!" rief der Reichsgraf. „Sie soll ihr Recht darauf beweisen."

„Das möchte manchem vornehmen Geschlechte schwer fallen, ja dem ältesten Adel, der nicht verbrieft, sondern v o r der Urkundenzeit errungen ist, am schwersten. Was kann übrigens das arme Mädchen dafür? Soll sie nun von der Gnade einer bürgerlichen Familie leben, die durchaus keine Verpflichtung hat, sie bei sich zu behalten?"

„Ich kann ihr nicht helfen — ich kenne sie ja gar nicht — "

„Wären Sie geneigt, sie sich vorstellen zu lassen?"

„Ach, um des Himmels willen nein! Sie kann doch hier nicht zu mir kommen!"

„Das nicht — aber wenn meine Stiefmutter Sie bäte, ihr einmal einen Besuch zu schenken, und Ihnen dort das Fräulein von Cronberg zuführte — ?"

„Nein, nein!" rief der Reichsgraf und hob seine dik= ken, weißen Hände beschwörend auf. „Das ist gar nicht möglich. Meine Ruhe, meine ganze Existenz wäre dahin! Ich mische mich nicht in fremde Angelegenheiten."

Königsegg wußte um der Sache willen, der er sich
angenommen hatte, auch die nicht undeutliche Abfertigung,
welche in den letzten Worten des Grafen lag, zu verwin=
den und stellte ihm noch einmal die trostlose Lage der
Verwaisten vor, für welche er bei seinen Verhältnissen
doch wenigstens etwas thun könne, um ihr ein anständi=
ges Unterkommen zu bereiten, das sich dann schon finden
werde. In seinem Eifer mischte er sogar, wie er sich auch
gegen den alten Riebl ausgesprochen hatte, die Trieb=
federn der Ehre ein. Dadurch aber verdarb er Alles,
wenn bei der Selbstsucht noch etwas zu verderben war.

„Mein bester Graf,“ erwiederte Cronberg, nachdem
er Alles mit sichtbarer Unbehaglichkeit angehört hatte,
„Sie haben ganz Recht. Es tangirt die Ehre, einen ar=
men Verwandten darben zu lassen, wenn man selbst im
Ueberfluß sitzt. Ich habe noch gar viele arme Verwandte
von weiblicher Descendenz der ausgestorbenen Linien und
meiner eigenen — darum kann ich nicht über deren Cyclus
hinausgehen. Die Tochter des Kaspar geht mich gar
nichts an und ich bin zu alt, um durch ihre Schönheit ge=
rührt zu werden.“

„Sie werden mir kein unedles Motiv zutrauen?“
rief Königsegg, der sich nun nicht länger bezwingen konnte.

„Das fällt mir nicht ein,“ versicherte Cronberg, von
diesem Tone stark eingeschüchtert. „Ich erkenne vollkommen

Ihre edle Absicht, für die Tochter Ihres verstorbenen Ca-
maraden sorgen zu wollen. Aber verübeln Sie mir's nicht,
daß ich mich mit dieser Sache, die eine unabsehbare Kette
von Verlegenheiten, neuen Verpflichtungen und Unbequem-
lichkeiten nach sich zöge, nicht befassen mag. Gott wird
dem Mädchen schon helfen!"

„Ganz gewiß!" sagte Königsegg. „Ich empfehle
mich Ihnen, Herr Graf."

„Wenn übrigens eine kleine Spende baaren Geldes,
ein= für allemal —"

„Ich danke Ihnen! Verzeihen Sie nur, daß ich Ihre
Ruhe gestört und Sie vielleicht um Ihren Mittagschlaf
gebracht habe." Königsegg hörte kaum auf die Worte, mit
denen sich der Reichsgraf noch entschuldigte, und nahm mit
kalter Höflichkeit seinen Abschied. Daß von dieser Seite
nicht das Geringste zu hoffen war, sah er ein. Es schmerzte
ihn, das dem wackern Kaufmanne, der ihm ein Widerspiel
zu dem engherzigen Reichen zu sein schien, mittheilen zu
müssen, um so mehr, als er fürchtete, daß bei der Frau,
die er damals gesprochen hatte, diese Rücksichten in's Ge-
wicht fassen würden.

.

Zehntes Capitel.

Bittere Stunden.

„Das ist ja ganz erschrecklich!" sagte Riebl, das verhängnißvolle Blatt in der Hand, welches ihm den Fehlschlag der auf den Reichsgrafen gesetzten Hoffnung meldete.

„Ich hab's gar nicht anders erwartet," gab seine Frau zur Antwort, und die eingekniffenen Lippen verrie= then, daß sie mit den feindseligsten Gedanken umging.

„Sag' ihr lieber nichts davon," bat er. „Der Herr Graf schreibt ja hier, daß sich vielleicht, wenn wir nur Geduld haben wollten —"

„Geduld!" rief sie. „Man müßte das geduldigste Thier sein, ich will's weiter nicht nennen, wenn man sich immerfort nur Disteln vorsetzen ließe und schluckte sie still hinunter. Auf die Vertröstung gebe ich keinen Kreuzer. Man kennt die vornehmen Herren schon, recht schöne Worte und nichts dahinter; hat man sich ein Jahr ge= duldet und klopft wieder an, so haben sie rein vergessen, daß man auf der Welt ist. Nein, Anton! Wenn das Mädel dem Herrn Reichsgrafen nichts angeht, uns geht

sie noch weniger an; wie kommen wir dazu, sie zu füt=
tern. Im Hause kann ich sie nun nicht länger behalten."

„Aber, liebherzigstes Binerl, willst Du so erbar=
menlos handeln? Was muß sie von uns denken? Erst
können wir ihr nicht Ehre und Liebe genug anthun, und
jetzt auf einmal, blos weil sie arm und unglücklich ist,
wollen wir sie verstoßen! Das kann uns keinen Segen
bringen!"

„Mach' Dir deshalb keine Gedanken! Ich thue,
was ich muß, und das so bald als möglich. Man soll
keine Sache hinschleppen. Wenn wir aus der Messe kom=
men, wird Alles auf's Reine gebracht."

Es war das Erstemal, daß Cajetana nach dem
Schlage des Schicksals, der sie getroffen hatte, die heilige
Stätte betrat. Sie hatte bisher noch nicht vermocht, sich
fremden Augen zu zeigen. Mit welchen Gefühlen über=
schritt sie die Stufen der Schwelle, wie zitterte ihre Hand,
als sie Weihwasser nahm und sich mit dem Zeichen des
Heils bekreuzte, wie zerknirscht neigte sie sich gegen den
Altar! Die Augen unter dem schwarzen Schleier zu Bo=
den gesenkt, folgte sie mit unsicherem Schritt ihren Pfle=
gern nach ihrem Betstuhle, wo sie knieend das Haupt in
stummem, inbrünstigem Flehen vor dem Herrn demü=
thigte, der ihr so Schweres auferlegt hatte.

Und Er versagte ihr Seinen Trost nicht. Mehr und

mehr, wie die heilige Messe ihre Wandlung nahm, zog ein sanftes Wehen des Friedens in Cajetana's Brust, und als die Gemeinde die Kirche verließ, konnte auch sie neu=gestärkt sich erheben, um den fernern Prüfungen ihres Le=bens entgegen zu gehen. Die schlanke, schöne Gestalt im Trauerkleide hatte schon Vieler Augen auf sich gezogen — mehr noch wurde die Aufmerksamkeit erregt, als plötzlich vor der Kirchenthüre sich ein Mädchen in geringer Tracht an sie drängte, ihr zu Füßen fiel, ihre Hand ergriff und mit Heftigkeit küßte, und die Trauernde, dem Eindrucke des Augenblicks nachgebend, Alles um sich vergaß, das laut schluchzende Mädchen in ihre Arme schloß und ihr Haupt an dessen Busen legte, als suche sie dort das treue Herz, das sie nirgend anders sonst finden konnte. Mit Schrecken und Verdruß bemerkte Frau Riebl das öffent=liche Aufsehen, das hier gegeben wurde; sie stand erst selbst ganz betroffen über das dreiste Thun der Dirne, welche sie schon in der Kirche mit unheimlichen Gefühlen bemerkt und sich dadurch in ihrer Andacht gestört gefühlt hatte; aber sie faßte sich schnell und machte dem Aerger=niß ein Ende, indem sie Cajetana etwas unsanft am Arme nahm und sie, der zudringlichen Dirne einen stren=gen Blick zuwerfend, mit sich hinwegführte.

Kathi hatte sich wohl gedacht, daß die Kirche der einzige Ort sei, wo sie ihr geliebtes Fräulein ungehindert

werbe sehen dürfen, und hatte getreulich Tag für Tag sich
in die Nähe des Hauses geschlichen, um zu belauschen,
ob Cajetana nicht zu einer andern Stunde, als der des
sonntäglichen Gottesdienstes das Heiligthum, dessen Pfor-
ten ja den Gläubigen zu jeder Frist unverschlossen sind,
suchen werde, um dort vor der Mutter aller Gnaden ihr
Herz auszuschütten. Aber erst heute bei der Messe hatte
sie die Trauernde zuerst erblickt und ihr ohne Furcht vor
der harten Frau, die ihr die Schwelle ihres Hauses ver-
boten hatte, ein Zeichen ihrer Liebe gegeben. Zufrieden
verließ sie nun die Stadt, um zu ihrem Vater zurück-
zukehren, der schon wieder leidlich im Freien sich ergehen
konnte und ihrer unmittelbaren Hülfe nicht mehr bedurfte. Sie hatte ihm verschwiegen, was ihr bei jenem
Gange in die Stadt am Kärnthnerthurme und vor dem
Hause der Frau Riebl begegnet war, aber zwei Tage
lang hatte sie wie ein Spürhund auf jedes Zeichen ge-
achtet, das ihr die Annäherung einer Gefahr verkündigen
konnte, um dann sogleich den Vater zu warnen und mit
ihm den sichern Versteck zu suchen, wo Niemand sie so
leicht finden mochte. Als nun Alles ruhig blieb, gab sie
sich der Hoffnung hin, daß man ihrer um Cajetana's
willen verschont und von dem Wilde, das man bei ihr
gesehen, keine Anzeige gemacht hatte; denn wäre das geschehen, so würde der Wildmeister keinen Augenblick ver-

säumt haben, um das nur unvollkommen gelungene Werk
seines Schusses durch Gefangennehmung des entdeckten
Schuldigen zu vervollständigen. Jede Nachfrage blieb
aber aus; der Knecht aus dem Riebl'schen Hause in
Meidling, dem noch kein Widerruf der letzten Anordnung
zugekommen war, brachte noch gelegentlich etwas an Le=
bensmitteln nach der verfallenen Hütte, wenn er auch
seinen Widerwillen durch die kurze, unfreundliche Art
zeigte, mit welcher er dieselben jedesmal übergab. So
fühlte sich Kathi wieder sicher und dachte nur daran,
ihr Fräulein zu sehen, dessen Unglück sie selbst mit tiefem
Gram gefüllt hatte. Das war ihr endlich heute gelungen,
und sie wanderte, wenn auch sehr traurig über den Zu=
stand, in welchem sie Cajetana gefunden, aber doch inner=
lich beglückt durch die Liebe, die ihr das Fräulein vor
allen Menschen bezeugt hatte, ihren Weg durch die Vor=
stadt, wo sie noch sonntäglich geputzten Menschen begeg=
nete, und dann durch die stillen, einsamen Felder. Da
sah sie einen Reiter von fern im gestreckten Galopp daher
sprengen. Ihr scharfes Auge erkannte schon auf eine weite
Strecke, daß es ein Jäger war, denn Niemand durfte
sonst grüne Röcke tragen, als die kaiserlichen Forstbedien=
ten, selbst die vornehmen Herren auf ihren Jagdpartien
nicht. Kathi wich daher dem Grünrock bei Zeiten aus,
indem sie einen Umweg machte. Der Reiter kümmerte

15*

sich aber auch gar nicht um sie, sondern jagte wie rasend,
daß der Staub hinter ihm hoch aufwirbelte, der Stadt
zu. Am lieben Sonntag! dachte Kathi mißbilligend, und
lenkte wieder in ihren vorigen, geraden Pfad ein, wo sie
den Reiter bald vergaß, um sich ausschließlich mit ihrem
Fräulein zu beschäftigen. Was sollte nun mit ihr wer=
den? Sie hatte schon mit ihrem Vater viel davon ge=
sprochen, der war aber viel zu sehr auf seine eigenen An=
gelegenheiten verbissen gewesen und hatte sich niemals
recht ausgelassen. Nur gestern war er etwas mehr darauf
eingegangen, als Kathi klagte, daß sie das Fräulein gar
nicht zu sehen bekomme, und daß es ihr doch unmöglich bei
Frau Riedl, wenn sie keinen Rückhalt mehr am Herrn
Vater hatte, recht gut gehen könnte. „Laß nur, Kathi,“
hatte er gesagt, „wenn Alles mit mir in Ordnung ist,
werd' ich selber einmal hinein laufen und mit dem Fräu=
lein reden.“

Hätte das treue Mädchen in diesem Augenblicke,
wo sie so zärtlich ihrer gedachte, Cajetana sehen können,
was würde ihr Herz empfunden haben! — Gleich nach der
Rückkehr aus der Kirche hatte Frau Riedl nur eben die
Goldhaube und das Staatskleid aus schwerem Stoffe
abgelegt, so begab sie sich in Cajetana's Zimmer, wäh=
rend ihr Gatte sich, nach einem letzten Versuche, sie auf
bessere Gedanken zu bringen, in seine Schreibstube ein-

schloß, nicht um zu arbeiten, was er am Sonntage nach
alter, frommer Sitte für sündlich gehalten haben würde,
sondern um nichts von Allem zu hören. Er fühlte sich
strafbar, daß er nicht einen Machtspruch wagte.

„Mein Kind," hob Frau Riedl an, als Cajetana
mit ihr allein war, „ich habe Ihnen Etwas zu sagen."
Ihre Stimme war etwas befangen, die kurzen Athemzüge
verriethen, daß ihr die Sache doch nicht so gleichgültig
sei, als sie ihrem Manne erklärt hatte. „Ich sehe, daß
Sie Einen wieder anschauen können, und das ist auch ganz
vernünftig. Also bleiben Sie denn sitzen, ich setz' mich zu
Ihnen. — Sie wissen, daß der Herr Vater Sie uns hier
gelassen hat, bis er wiederkommen und Sie abholen
werde. Nun, weinen Sie nicht wieder so sehr, das kann
er nicht, weil's der liebe Gott anders gewollt hat. Wir
haben Sie auch ganz gern behalten und haben Sie be=
hütet und bewahrt sieben Jahre lang bis auf den heutigen
Tag. Zehn Jahre waren Sie alt, als der Herr Vater
ausmarschirte, heut' sind Sie siebzehn. Wir haben unsere
Schuldigkeit also redlich erfüllt. Was denken Sie nun
selber über die Sache, wie's nun weiter werden soll?"

Cajetana hatte in ihrem Schmerze darüber noch
nicht nachgedacht, wohl überhaupt keine Ahnung gehabt,
daß in ihren nächsten Beziehungen eine Aenderung ein=

treten könnte, und war daher außer Stande, eine Antwort
zu geben.

„Schauen Sie, das habe ich mir wohl gedacht,“
fuhr Frau Riebl fort, und gewann immer mehr Festig=
keit. „Sie wissen's nicht und können's auch nicht wissen.
Ich muß also schon für Sie sorgen. Hier bei uns können
Sie nicht mehr bleiben, das sehen Sie wohl selber ein.
Ja, mein Kind,“ bestätigte sie, als sie Cajetana's tödt=
lich erschrockenen Blick bemerkte, „es geht nicht anders,
wenn Sie es sich vernünftig überlegen. Wir haben ge=
than, was wir konnten. Der Herr Vater selig hat schon
lange kein Kostgeld mehr gezahlt, das wollen wir einst=
weilen nicht rechnen, bis Sie vielleicht einmal im Stande
sind, es abzutragen. Aber wir können nun auch nicht wei=
ter das so fortgehen lassen. Mein Mann hat die Anzeige
vom Tode des Herrn Vaters gemacht und darauf an=
getragen, daß Ihnen ein Vormund gesetzt werde, wenn auch
nichts zu verwalten ist. Die Sachen habe ich schon taxiren
lassen, sie reichen noch nicht hin, die siebzehn Gulden
fünfzehn Kreuzer zu decken, die ich Ihnen, wie Sie wissen,
nach und nach geborgt habe. Ja, das muß man Alles be=
sprechen, liebe Tochter, da kann man nicht verzärtelt thun,
wie die vornehmen Herren, die schon glauben, sie be=
schmutzen sich, wenn sie das Wort Geld nur in den Mund
nehmen. Eine ordentliche Frau rechnet ihr Bischen zu=

fammen. Ehe ein Vormund bestellt wird, dauert es noch
lange, so etwas geht nicht zwischen heut' und Morgen,
und eh' die Herren sich entschließen, läuft eine Schuld
auf, vor welcher Sie selbst erschrecken würden. Ich
habe also schon Rath gefunden. Aber Sie hören nicht
auf mich."

Cajetana hatte in der That keinen andern Gedanken,
als daß sie nun auch die letzten Menschen, die sich um sie
gekümmert und sie bisher doch so lieb gehabt hatten, ver=
lieren, daß sie hinausgestoßen werden sollte in ein unbe=
kanntes Schicksal, dessen Formlosigkeit sie mit Grauen
erfüllte. Auf die Mahnung, welche sie aufmerken hieß,
suchte sie Kraft zu fassen, und richtete ihr verdunkeltes
Auge bittend auf die herzlose Frau, welche das ihrige
vor diesem rührenden Blicke zur Erde senken mußte und
einen Moment sich tief bewegt fühlte. Aber sie schämte
sich sogleich dieser Regung, welche sie Schwäche schalt.

„Der Herr Reichsgraf," begann sie wieder, „von
welchem uns der Vater oft erzählt hat, war just in Wien
anwesend, und Graf Königsegg hat ihn auch besucht und
ihm Ihr Schicksal vorgestellt, weil er glaubte, er werde
es seiner Ehre schuldig sein, Ihr Vormund zu werden
und weiter für Sie zu sorgen, da er weder Kind noch
Kegel hat und ein unermeßlich reicher Mann ist. Aber
er will nichts davon wissen. So bleibt denn nichts weiter

übrig, als daß Sie Ihren Adel vergessen und denken, daß
Sie nicht anders geboren sind, wie unser Eins, der doch
auch ein Mensch ist. Ja, sehen Sie mich nicht so erstaunt
an, es ist heraus, man muß nur Dinge, die verdrießlich
sind, nicht subtil angreifen, dadurch werden sie noch schlim=
mer. Was bleibt Ihnen denn übrig, wenn Sie sich selbst
durch die Welt helfen wollen, als daß Sie thun, was
tausend brave Mädchen thun müssen? Arbeiten ist keine
Schande und dienen auch nicht."

Vor diesem Worte, das für Cajetana's verwöhntes
Gefühl eine Schmach war, versiegten die Thränen in
ihrem Auge und ein sprühendes Feuer loderte auf. Ihre
Lippen zuckten, aber sie fand keinen Ausdruck für das, was
ihre Brust empörte. Nur die rasche Bewegung der Hand
verrieth ihre Entrüstung.

Frau Riedl verwunderte sich nicht, sie war darauf
gefaßt. „Ich weiß sonst keinen Rath," sagte sie aufstehend.
„Nehmen Sie sich Zeit, bedenken Sie sich's ganz ruhig.
Ich sorge dann schon für ein gutes Unterkommen, Nie=
mand braucht ja zu wissen, wer Sie eigentlich sind; den
Namen, über den sich die Leut' wundern möchten, lassen
wir aus, Nanni klingt eben so gut. Das Schlimmste ist
freilich, daß Sie nicht an Arbeit gewöhnt sind und nichts
recht machen können; daran bin ich Schuld, ich hätt' Sie

dazu anhalten sollen. Aber so lange Sie noch in meinem Hause sind, können Sie ja immer einen Anfang machen. Ich werd' schon nachhelfen —"

„Ihr verstoßt mich!" rief Cajetana. „Gebt mich nur ganz auf! Ich will Euch nicht länger zur Last fallen."

„Nur nicht so stolz!" entgegnete Frau Riebl, von dem Tone beleidigt. „Ich dächte, es würde sich auch nun schicken, daß ich nicht mehr so hoffärtig mit Ihr angeredet würde, wie es wohl noch Mode ist von Oben herunter, aber nicht mehr unter gleichen Personen. Wenn ich noch Sie sage, können Sie es auch thun."

Cajetana wandte sich ab und that einen raschen Schritt, als wolle sie diese entsetzliche Behandlung fliehen.

„Nun seien Sie nur vernünftig, liebes Fräulein," sagte die Riebl einlenkend, weil es ihr selbst leid that, zu weit gegangen zu sein. „Ich meine es gut mit Ihnen: bittere Tränke sind oft die heilsamsten. Wenn ich einen andern und bessern Rath wüßte, würde ich ihn ja vorgebracht haben. Ich dachte erst an die Himmelpfortnerinnen — wenn Ihre Muhme, die Frau Priorin, noch lebte, hätte es keine Noth, aber im Kloster nehmen sie auch nicht Kostgängerinnen auf lange Zeit auf, wenn sie nicht in den Orden treten wollen. Und Nonne wollen Sie doch wohl nicht werden, das bleibt Ihnen ja immer noch, wenn's Ihnen in der Welt schlecht geht."

Cajetana antwortete nichts, und dies Schweigen wurde der Frau Riebl peinlich.

„Wenn Sie nicht auf mich hören wollen, so kann ich weiter nichts sagen. Ich werde thun, was Recht ist. Wollen Sie nachher nicht und wissen etwas Besseres, so habe ich auch nichts dagegen." Sie wartete noch eine kleine Weile, und als Cajetana immer noch regungslos, wie eine Bildsäule, von ihr abgewendet stand, sagte sie: „Wenn Sie eigensinnig sind, so gehe ich meiner Wege. Zum Abend haben Sie sich vielleicht besonnen."

Sie verließ das Zimmer. Sobald ihr Tritt auf der Treppe niedersteigend zu hören war, stürzte Cajetana auf ihre Kniee und barg das Antlitz verzweifelnd in beide Hände.

„Anton," sagte Frau Riebl zu ihrem Manne, nachdem er ihr erst auf zweimaliges Klopfen zaghaft seine Thüre geöffnet hatte, „wir müssen bald ein Ende mit ihr machen, sonst kommt sie uns noch im Hause um ihren Verstand. Glaubst Du, daß sie mir auf meine vernünftigen Vorschläge nur ein Wort gesagt hat? Sie war wie ein Stein, kehrte mir den Rücken und behandelte mich wie eine Magd. Das ist nun der Dank

für Alles, was ich an ihr gethan habe! Gib mir den
Brief vom Grafen noch einmal, ich will sehen, ob wirklich noch ein Stückchen Hoffnung für sie ist." Sie las
den Brief aufmerksam durch und gab ihn dann ihrem
Manne zurück. „Das ist gar nichts gesagt. Das sind
schöne Worte, wie die großen Herren sich unter einander
machen, damit ist man abgefertigt. Bei Unsereinem ver-
fangen sie auch nicht mehr, man ist schon klug geworden.
Darauf warte ich auch nicht einen Tag länger. Ich werde
zur Frau Viertelsmeisterin gehen, die mich um ein sau-
beres Mädel in ihre Stuben gefragt hat. Es wär' freilich besser, wir brächten sie aus der Stadt, wo sie Niemand kennt, denn es wird eine Weil' üble Nachrede
geben; aber ehe ich ein Unterkommen draußen finde,
dauert es mir zu lang', und ich denke, wenn sich
die Leut' satt geredet haben, hören sie schon von selber auf."

„Sollte man aber nicht zuvor doch noch mit dem
Herrn Grafen eine Rücksprach' machen," wandte Riedl
ein; „vielleicht hat er doch noch etwas Ernstliches im
Sinn."

„Wir werden nur ausgelacht, Anton. Eher möcht'
ich noch mit dem alten Kerl in Meidling reden, wenn
nicht Alles durch Deine Geschichte mit dem Hasen ver-
dorben wäre. Konntest sie denn nicht für Dich behal-

ten? Wenn mir etwas Böses geschieht, so weiß ich, wer
es mir zugezogen hat. Die braune Dirne heut' vor der
Kirche zu sehen, war zum Fürchten, sie benahm sich mit
der Oben wie eine Unsinnige; alle Menschen wurden auf-
stutzig. Das Volk muß mir aber aus Meidling fort, ich
werd's schon durchsetzen."

„Aber, Sabinerl, willst Du sie noch mehr reizen?
Was können sie uns nicht anthun!"

„Müssen eingesteckt, aus dem Land gejagt werden.
Aergere mich nicht, Anton, Du thust eine Sünde. Ich will
nun gleich gehen, wenn wir gespeist haben. Heut' ist
Sonntag, heut' finde ich die Leut' zu Hause."

Vor dem Hause klang Hufschlag, der ihre Rede
störte. Durch das Fenster sahen sie einen Trupp Dragoner, der von der Seilerstadt herkam und wahrscheinlich
nach dem Sammelplatz auf dem neuen Markte ritt.

„Ja, schau Du nur hinauf!" sagte Frau Riedl,
als der Vorderste der Reitter seine Augen nach dem
Fenster im obern Stock erhob. „Da wirst Du heut' wohl
nichts finden!" Es war nichts Ungewohntes, Dragoner
hier vorüber ziehen zu sehen, da sie ihren Sammelplatz
ganz in der Nähe hatten, und eben so wenig hatte sich
Frau Riedl verwundert, wenn sie nach den Fenstern
blickten, ob nicht junge, neugierige Mädchenaugen den

blanken Reitern nachschauten: das war nun einmal Sol=
datenmanier. Die jungen Mädchen freilich thaten es ver=
stohlen und schämten sich, wenn sie dabei ertappt wurden.
Heut' bemerkte aber Frau Riedl, daß der vorderste Rei=
ter, da er schon fast vorüber war, eine rasche, gleich=
sam schreckhafte Bewegung machte, sich nochmals im
Sattel umdrehte und in die Steigbügel sich erhebend,
mit der Hand auf den Sattelkranz gestützt, starr nach den
Fenstern sah.

„Sie hat sich gezeigt!" rief Frau Riedl. „In
ihrem Trauerkleide hat sie sich den Soldaten gezeigt!
Siehst Du, Anton, daß es die höchste Zeit ist, sie aus
dem Hause zu schaffen? Komm nur gleich zum Essen —
mir wird heut' kein Bissen schmecken, bis ich mir Rath
geholt habe. Vor den Soldaten ist sie an's Fenster ge=
gangen!"

Konnte die alte Frau das Gefühl wohl verstehen,
welches die Verlassene ergriff, als sie Hufschlag und
Waffenklang, die vertrauten Töne ihrer Kindheit, ver=
nahm, die sie jedesmal mit Stolz und Entzücken erfüllt
hatten, wenn sie ihren Vater mit Stahlhaube und Küraß,
das lange funkelnde Schwert in der Hand, auf hohem
Roß an der Spitze seiner Schaar erblickte? Ihr war es,
als würde sie inmitten der Waffengenossen ihres Vaters

nicht verlassen und verhöhnt sein, wie hier, als würden
dort ritterliche Herzen sich ihrer schützend annehmen und
ihr eine Freistatt bereiten, da sie hier ausgestoßen wurde
in Schmach und Niedrigkeit! Ein Moment war es freilich nur, daß dieser phantastische Gedanke sie unwillkürlich hinriß, einen Blick gleichsam hülfesuchend hinab zu
werfen, und sie bebte, über sich selbst erschrocken, schnell
wieder zurück. Aber es schien, als habe der kriegerische
Anblick, der sich geboten, der Stahlblitz, der ihr Auge getroffen hatte, ihre Kraft gestärkt und sie zu dem Ent-
schlusse geführt, ihr Haupt dem fremden Willen nicht
zu beugen. Ein treues Herz lebte ihr ja doch noch in
der Welt, sie hatte es heut' an dem ihrigen schlagen gefühlt! Lieber wollte sie in der elenden Hütte zu Meidling
Armuth und Entbehrungen mit den Menschen, die sie
lieb hatten, theilen, lieber dort in der Freiheit mit schwer-
ster Arbeit sich erhalten, als sich erniedrigen vor der
Frau, die sich urplötzlich in ihrem Unglück so grausam
gegen sie gezeigt hatte! Cajetana war noch sehr jung,
daß sie sich solchen Gedanken hingeben konnte —
wie wenig kannte sie die unerbittliche Wirklichkeit des
Lebens! —

Auf der Straße entstand unterdessen eine Unruhe,
die Nachbarn traten vor den Thüren zusammen, um
sich die Nachricht mitzutheilen, welche ein Dragoner

im Vorüberreiten einem bekannten Bürger zugerufen
hatte. Sie sollten einen abermaligen und ernstlichen
Streifzug in die Gegend nach dem Thiergarten und
dem Gebirg hin unternehmen, obgleich es Sonntag
war, denn ein reitender Bote hatte die Nachricht ge=
bracht, der Wildmeister von Schönbrunn sei im Walde
erschossen worden.

Ende des ersten Bandes.

‘